La Civilización Tolteca

Un Apasionante Resumen de la Historia de los Toltecas, Desde el Período Clásico Maya en Mesoamérica hasta el Auge del Imperio Azteca

© Copyright 2021

Todos los derechos reservados. Ninguna parte de este libro puede ser reproducida de ninguna forma sin el permiso escrito del autor. Los revisores pueden citar breves pasajes en las reseñas.

    Descargo de responsabilidad: Ninguna parte de esta publicación puede ser reproducida o transmitida de ninguna forma o por ningún medio, mecánico o electrónico, incluyendo fotocopias o grabaciones, o por ningún sistema de almacenamiento y recuperación de información, o transmitida por correo electrónico sin permiso escrito del editor.

    Si bien se ha hecho todo lo posible por verificar la información proporcionada en esta publicación, ni el autor ni el editor asumen responsabilidad alguna por los errores, omisiones o interpretaciones contrarias al tema aquí tratado.

    Este libro es solo para fines de entretenimiento. Las opiniones expresadas son únicamente las del autor y no deben tomarse como instrucciones u órdenes de expertos. El lector es responsable de sus propias acciones.

    La adhesión a todas las leyes y regulaciones aplicables, incluyendo las leyes internacionales, federales, estatales y locales que rigen la concesión de licencias profesionales, las prácticas comerciales, la publicidad y todos los demás aspectos de la realización de negocios en los EE. UU., Canadá, Reino Unido o cualquier otra jurisdicción es responsabilidad exclusiva del comprador o del lector.

    Ni el autor ni el editor asumen responsabilidad alguna en nombre del comprador o lector de estos materiales. Cualquier desaire percibido de cualquier individuo u organización es puramente involuntario.

Contents

INTRODUCCIÓN 1
PARTE 1: LA EDAD CLÁSICA MAYA (250 A. C. - 900 D. C.) 5
CAPÍTULO 1: LAS GRANDES CIUDADES MAYAS.................................6
CAPÍTULO 2: VIDA SOCIAL Y ECONOMÍA DE LOS MAYAS..................13
CAPÍTULO 3: GRANDES MONUMENTOS DE LOS MAYAS 20
CAPÍTULO 4: CIENCIA, RELIGIÓN Y LENGUAJE DE LOS MAYAS 27
PARTE 2: LOS TOLTECAS (674 - 1.122 D. C.) 34
CAPÍTULO 5: CHICHÉN ITZÁ Y LA CONEXIÓN TOLTECA 35
CAPÍTULO 6: LA INCÓGNITA DE LOS TOLTECAS 42
CAPÍTULO 7: TULA, LA CIUDAD DE LOS TOLTECAS...........................49
CAPÍTULO 8: CĒ ĀCATL TOPILTZIN, EL MÍTICO REY TOLTECA.........57
CAPÍTULO 9: EL COLAPSO DE TULA Y LA DIÁSPORA TOLTECA 64
CAPÍTULO 10: EL AUGE DE LOS AZTECAS..71
PARTE 3: EL LEGADO TOLTECA: ARTE, SOCIEDAD Y CULTURA 77
CAPÍTULO 11: ESTRUCTURA SOCIAL..78
CAPÍTULO 12: ARTE, ESCULTURA Y ARQUITECTURA 85
CAPÍTULO 13: GUERRA Y ARMAMENTO...92
CONCLUSIÓN..99
VEA MÁS LIBROS ESCRITOS POR ENTHRALLING HISTORY.............103
BIBLIOGRAFÍA: 104

Introducción

El imperio tolteca fue una civilización precolombina que floreció en los siglos X y XI d. C. en Mesoamérica. Los toltecas llegaron al México central desde los desiertos del norte y dominaron la región gracias a su artesanía y su pericia bélica. Fueron tan feroces y respetados que los aztecas afirmaban ser sus descendientes; afirmación que, sea o no cierta, sigue siendo discutida por los historiadores. Los aztecas admiraban a los toltecas por su arte, su arquitectura y su cultura, las cuales los aztecas adoptaron en sus propias ciudades. El lenguaje tolteca, el nahuatl, también se introdujo en la sociedad azteca, donde la palabra "tolteca" llegó a significar "artesano".

La mayor parte de lo que sabemos hoy de los toltecas nos ha sido legado por los aztecas. Sus relatos están envueltos en mitología y presentan a los toltecas como un imperio en la cúspide de la cultura, la sofisticación y la civilización. Algunos historiadores creen que los relatos aztecas sobre los toltecas son creíbles según los paralelismos arqueológicos que se han hallado. Por otra parte, otris creen que no se pueden interpretar con literalidad, ya que entorpecen la verdadera investigación sobre el origen y la cultura de la civilización tolteca.

En el siglo VI d. C., la ciudad religiosa de Teotihuacán fue arrasada y la mayoría de sus monumentos ardieron hasta los cimientos. Teotihuacán era la ciudad de mayor tamaño y renombre en la Mesoamérica de la edad clásica. En su apogeo se trataba de una maravilla arquitectónica con una población cercana a los 200.000 habitantes. Los historiadores contemporáneos creen que los mismos toltecas quemaron y destruyeron su preciada ciudad, o al menos tuvieron algo que ver en su destrucción. El hecho de que los toltecas surgieran de las cenizas de Teotihuacán hace que esta posibilidad sea aún más interesante. Hoy no recordamos a los toltecas como los grandes innovadores que fueron sus vecinos, los zapotecas, ni tampoco como prodigios científicos o matemáticos como los mayas. Los recordamos como aguerridos guerreros que combatieron en nombre de su religión, pues establecieron un ejército permanente con varias castas militares. Diestros, disciplinados y muy bien preparados, los guerreros toltecas emplearon fuertes, fortalezas, depósitos de suministro y unidades de reserva. Extendieron su poder a lo largo y ancho de la región, conquistando asentamientos, aldeas, ciudades y reinos.

Los aztecas también adoraban a los toltecas por su capital, la ciudad de Tula. Se trataba de un centro urbano con grandes pirámides y una enorme plaza central. La mayor estructura de la ciudad era la llamada "Pirámide de Quetzalcoatl". También conocido como "la serpiente de plumas preciosas", Quetzaltoatl era una figura mítica a la que los aztecas y otras culturas mesoamericanas reverenciaron. Los historiadores creen que una de las plazas de Tula podía acoger a cerca de 100.000 personas y que probablemente se utilizaba en eventos y festividades. La ciudad contaba asimismo con dos canchas en las que se practicaba un deporte de balón muy popular en toda la región mesoamericana.

Imagen 1: América Central

A principios del siglo X, los toltecas empezaron a asentarse en territorio maya. Los mayas tenían grandes ciudades como Tikal o Chichén Itzá, cuyas respectivas poblaciones superaban en número a la de Tula en su apogeo. Kukulcán, el rey semi legendario, conquistó la península de Yucatán, controlada por los mayas. Uno de los templos de la ciudad de Chichén Itzá se construyó en honor a este rey. Además del templo de Kuculcán, "El Castillo", historiadores y arqueólogos han observado las sorprendentes similitudes entre la Pirámide de Quetzalcoatl y el Templo de los Guerreros de Chichén Itzá. Teniendo en cuenta que los mayas estuvieron influenciados por Teotihuacán durante mucho tiempo, parece lógico que los toltecas heredaran dicha posición de Teotihuacán. Con su vasto imperio, los toltecas controlaron uno de los imperios más extensos de la historia durante cerca de un siglo. Entre los años 1.018 y 1.025, una gran hambruna sacudió el territorio y condujo al declive de los toltecas. Durante el siglo posterior, la autoridad de su civilización seguiría disminuyendo entre guerras civiles, disputas religiosas y rebeliones. En 1.122 d. C., Tula fue reducida a cenizas.

Los expertos llevan mucho tiempo debatiendo el papel de los toltecas. Algunos sugieren que los aztecas exageraron el mito de su civilización, mientras que otros aseguran que, pese a algunos adornos, las crónicas de los aztecas cuentan la verdad. Por desgracia, Itzcoatl, el emperador azteca, quemó muchos codices históricos y pinturas; más tarde, los españoles profanarían, saquearían y destruirían reliquias y obras de arte. Hoy, en comparación con las culturas azteca y maya, tenemos un entendimiento más bien reducido de los toltecas.

En este libro vamos a adentrarnos en la historia de los toltecas, incluyendo las civilizaciones que los predecieron. Para comprender la influencia tolteca en la vida mesoamericana, debemos entender qué ocurría antes de su llegada, qué cambios aportaron y cuál fue su legado. Examinaremos la relación entre mayas y toltecas e intentaremos comprender cómo los toltecas moldearon el estilo de vida azteca. También discutiremos las artes, el armamento, la vida social y los principales gobernantes de esta gloriosa civilización. Por ultimo, debatiremos varias teorías en cuanto a su auge a principios del siglo X y su posterior declive en el XI.

PARTE 1: LA EDAD CLÁSICA MAYA (250 a. C. – 900 d. C.)

Capítulo 1: Las Grandes Ciudades Mayas

La civilización maya empezó a desarrollarse en el territorio de lo que hoy es Guatemala, Belice, el este de México y el oeste Hondursa y El Salvador alrededor del año 2.000 a. C. Esta época se conoce como el período preclásico de los mayas, y prosigue hasta el año 250 .a C. Los mayas no eran un pueblo común, sino un grupo de asentamientos dispersos con culturas similares que se desarrollaron simultáneamente. La palabra "maya" es un término genérico: estos asentamientos no se consideraban mayas ni se identificaban como una unidad cohesionada.

    La primera civilización auténtica que apareció en el período preclásico fue la de los olmecas, que aparecieron en torno al 1.200 a. C. en el terreno tropical del golfo de México. Ciudades como Tikkal, Calakmul y Copán se desarrollarían en el sureste y cargarían con la mayor parte de la influencia cultural de los olmecas. Sabemos de su existencia gracias a las diecisiete esculturas de piedra tallada que se han encontrado, en las que representaron sus cabezas llevando un casco. Cuatro de estas esculturas se encontraron en La Venta, la que fue capital y núcleo cultural de los olmecas. La compleja arquitectura de esta ciudad indica que sirvió también como centro estatal del imperio olmeca. San Lorenzo es, en cualquier caso, el centro olmeca más antiguo que se conoce, y solo cuando llegó su declive pudo La Venta erigirse como capital de su civilización.

En el período preclásico medio (entre los años 1.000 y 400 a. C.) surgieron pequeñas aldeas y se formaron algunas ciudades. En el preclásico tardío, del 400 a. C. al 250 d. C., empezaron a aparecer ciudades de gran tamaño en la Cuenca del Petén, una región del sureste de México y el noreste de Guatemala. La ciudad de El Mirador en Petén está considerada una de las primeras capitales de la civilización maya. Aunque la ciudad existió desde el siglo VI a. C., solo alcanzó su cénit tres siglos después. Otro asentamiento clave en el preclásico medio fue Nakbe, que estaba estrechamente conectada a El Mirador. Los altiplanos del sur de Guatemala acogieron así mismo a otras ciudades como Kaminaljuyu. A través del estudio de sus restos, los arqueólogos conjeturan que los mayas construyeron Kaminaljuyu al final del período preclásico. El desarrollo urbano en áreas cercanas ha impedido a los expertos calcular el tamaño de la ciudad, así como su importancia política y económica.

La civilización maya existió desde el 7.000 a. C. hasta el 1.524 d. C., pero empezó a destapar su verdadero potencial en el siglo III. La gran evolución de los mayas empezó alrededor del año 250 d. C., cuando se marca el inicio del período clásico maya. Fue entonces cuando desarrollaron su predilección por lo artístico y lo intelectual, y cuando empezaron a construir ciudades de gran tamaño. Rebosantes de arquitectura monumental, esculturas y arte, estas ciudades llegaban a albergar 50.000 habitantes. La mayor de todas fue Tikal, también conocida por su nombre antiguo, *"Yax Mutal",* que se erigió cerca del año 300 a. C., pero llegó a ser lo que fue tras el colapso del período preclásico, en el cual otros enclaves como El Mirador y Kaminaljuyu redujeron su población hasta el práctico abandono.

Imagen 2: Tikal

Mientras Tikal asentaba su lugar en el período clásico temprano, otra ciudad llamada Teotihuacán aparecía en el valle de México. Los primeros asentamientos en la zona fechan del siglo VI a. C., pero no se convirtieron en fenómenos urbanos hasta el s. II a. C., cuando los granjeros empezaron a migrar hacia el valle. Finalmente, en el siglo I a. C., Teotihuacán empezó a convertirse en una metrópolis incomparable en toda Mesoamérica, experimentando un período de expansión masiva y progreso durante los siguientes cuatro siglos. La edad de oro de la ciudad perduró entre el 350 y el 650 d. C., cuando Teotihuacán alcanzó los 125.000 habitantes, lo que la convierte en una de las ciudades más pobladas del mundo antiguo. Los historiadores creen que el factor más atrayente de la ciudad fueron los sentimientos religiosos asociados a ella: el poder engendra influencia, y Teotihuacán no fue una excepción. A medida que la ciudad crecía, su influencia se extendió por las regiones colindantes, incluyendo Tikal, y pudo haber llegado hasta la ciudad de Chichén Itzá en el norte.

Las capitalas mayas solían estar rodeadas de ciudades más pequeñas que contribuían a la riqueza y la prosperidad de todo el imperio. Los reyes preferían vivir y trabajar en estas capitales debido a su proximidad con otros enclaves y su importancia estratégica. Tikal, por ejemplo, estaba rodeada de numerosas ciudades y asentamientos mayas con las que guardaba relaciones variables: Uaxactun, Caracol, Naranjo y sobre todo Calakmul, con la que acabarían desarrollando una fiera rivalidad. No obstante, Tikal era lo bastante grande como para tener relaciones con ciudades muy distantes como Teotihuacán. Los hallazgos arqueológicos muestran que Teotihuacán tenía embajadas en Tikal en el s. I d. C., pero no fue hasta el s. IV cuando los intercambios entre ambas ciudades se intensificó.

En el 378 d. C., Tikal entro en contactó con Teotihuacán. No sabemos si sucedió en forma de una invasión directa o a través de gobernantes títere, pero sabemos que, de aquí en adelante, los extranjeros tuvieron un impacto sustancial en el arte, la cultura y otras prácticas sociales en Tikal. Bajo la hegemonía de Teotihuacán, Tikal empezó a expandirse, conquistando Uaxactun y aliándose con Kaminaljuyu en el s. IV d. C. Fue en el año 426 cuando la influencia de Tikal absorbió también a Copán, un puesto agricultural que se había convertido en una ciudad de evidente importancia geográfica. Ese mismo año, la alianza entre Tikal y Copán fundó el asentamiento de Quiriguá cerca de Copán. Tikal apoyó el ascenso dinástico de Copán, y los restos hallados en el lugar muestran características de Teotihuacán.

En torno a esta época, otra ciudad llamada Calakmul estaba en la vanguardia de la gloria maya. Se encontraba al norte de la region de Petén y tenía acceso a redes comerciales con ciudades como El Mirador, Nakbe y El Tintal. La ciudad se remonta al período preclásico, aunque se convirtió en un importante enclave maya en el clásico. Tikal y Calakmul eran superpoderes a su manera; y como suele suceder en estos casos, solo uno de los dos podría vencer. Dio comienzo una inmensa rivalidad entre ambas ciudades-estado. Cada una consiguió sus propios aliados antes de enzarzarse en las guerras entre Tikal y Calakmul.

El año 550 marca el inicio de la era clásica tardía de los mayas. Los investigadores calculan que la población de Calakmul llegó a los 50.000 por esta época, y que su autoridad territorial abarcaba unos 70 kilómetros cuadrados. Del mismo modo que Tikal, Calakmul contaba a su alrededor con ciudades secundarias que contribuyeron a su crecimiento. Las ciudades de Naachtun, Oxpemul, Uxul, Sasilha y La Muñeca tenían una población combinada de unas 200.000 personas. Pese a todo esto, Calakmul era una ciudad inferior a Tikal, que acogía a cerca de medio millón por entonces. La primera guerra se produjo entre el 537 y el 572 d. C. Calakmul conquistó una ciudad importante llamada Yaxchilán y siguió formando alianzas en contra de Tikal. En el año 562, Tikal se apoderó temporalmente de la ciudad-estado de Caracol, aliada de Calakmul. No obstante, Caracol y Calakmul acabarían virando las tornas y derrotando a Tikal. La ciudad atravesó a partir de entonces un largo período de hibernación conocido como "el hiato de Tikal"; un destacable estancamiento en el progreso urbano y comercial.

La influencia de Tikal en la región se desplomó y es posible que las fuerzas enemigas apartaran forzosamente a buena parte de su población. En los años posteriores, Calakmul tomaría la ventaja en la región, pero esto no duraría mucho. La influencia de Tikal se había reducido, pero no debilitado. Durante todo el siglo siguiente, Tikal y Calakmul se vieron envueltos en una guerra fría. A la postre, Tikal derrotaría a sus rivales locales, algunos de los cuales habían ayudado a Calakmul durante la guerra.

En el 629, Tikal fundó un puesto militar, Dos Pilas, para controlar las rutas de comercio a lo largo del río Pasión, ubicado en la altiplanicie norte de Guatemala. En el 648, Dos Pilas se alió con Calakmul, dio comienzo a una guerra indirecta contra Tikal y, por consiguiente, provocó la Segunda Guerra entre las dos superpotencias mayas. Tikal atacó y capturó Dos Pilas en el 672. El líder exiliado de Dos Pilas contraatacó capturando a un señor de Tikal en el 679, otorgando a Calakmul el control temporal de la región. Entre el 692 y el 695, Calakmul dominó el conflicto; sin embargo, un inesperado giro de los acontecimientos hizo que Tikal ganase una batalla crucial contra Calakmul. La guerra prosiguió hasta el 705, cuando Tikal fue derrotada de nuevo y Dos Pilas empezó a adquirir autonomía.

Mientras tanto, la ciudad de Teotihuacán sufrió un declive general. Anteriormente se creía que algunos invasores pudieron saquearla y hacerla arder, pero los historiadores recientes afirman que en aquella época solamente se quemaban las estructuras de las élites. Por tanto, la nueva hipótesis es que pudo haberse producido un conflicto entre clases que derivó en una revuelta violenta en Teotihuacán. Lo cierto es que esta época coincide con el cambio climático extremo del hemisferio norte entre el 535 y el 536 d. C. Otras ciudades mayas experimentarían el mismo destino durante el Colapso Maya en los siglos VIII y IX. El imperio tolteca surgiría de las cenizas de Teotihuacán, pero ya llegaremos a eso.

Tikal siguió desarrollando su impresionante cultura y su arquitectura tras la caída de Teotihuacán, pero las cosas no pintaban bien en otros frentes. Quiriguá, que existía hasta entonces como extensión y vasallo de Copán, declaró su independencia y juró fidelidad a Calakmul en el 738. Esta época marca la Tercera Guerra entre ambas ciudades-estado. Copán quiso contraatacar a su vasallo escindido, pero temía que Calakmul interviniera con su ejército. De un plumazo, Calakmul había debilitado a un aliado de Tikal y ganado un pequeño vasallo mientras tanto. Los términos eran también favorables a Quiriguá, ya que estaba bastante lejos de Calakmul y no tenía por qué temer una completa usurpación. Tikal conquistó dos aliadas notables de Calakmul, El Perú y Naranjo, respectivamente en los años 743 y 744 d. C. La influencia de Calakmul en la región menguó considerablemente, ya que había perdido el control de sus aliados y su extensa red de comercio. Tikal había emergido victoriosa, pero estaba en mala forma.

Hacia la mitad del s. VIII llegamos al Colapso Maya, también conocido como la época clásica terminal de los mayas. La población empezó a reducirse en todo su territorio y ciudades enteras fueron abandonadas. Algunos de los enclaves más importantes, como Copán,

Tikal y Calakmul, decayeron tanto económica como políticamente. Los arqueólogos han observado que se construyeron menos estructuras de gran tamaño durante esta época, y que se guardaron menos inscripciones de eventos cruciales. Este colapso repentino es un misterio histórico que aún está por resolver. El último registro de un reino en Copán se remonta al año 763. Se alzaron monumentos en Calakmul a finales del s. VIII y principios del siguiente, pero hay poca actividad registrada más allá de eso. A partir de este punto, los vasallos del estado empezaron a erigir su monumentos, lo que apunta a que la población y la autoridad cambiaron de lugar. Muchas teorías intentan explicar el colapso de la civilización maya, incluyendo epidemias, sequías, invasiones del extranjero, conflictos internos en lo político o lo religioso, revueltas y colapso ecológico. Es importante observar, en todo caso, que los mayas siguieron existiendo e incluso prosperaron tras la época clásica, aunque la gloria de antaño nunca regresó.

Tras leer acerca de una "ciudad perdida" en las escrituras de John Lloyd Stephens y su ilustrador Frederick Catherwood, el gobernador de Petén visitó las ruinas de Tikal a mediados del s. XX. Pronto se convirtió en un centro de interés para los arqueólogos de todo el mundo, si bien no fue ningún descubrimiento para los nativos que llevaban siglos residiendo cerca de la antigua ciudad. Hoy, Tikal consiste en unas 3.000 estructuras en las que se cuentan nueve plazas, grandes templos, palacios, un mercado, diez depósitos de agua y una peculiar cancha deportiva, todas ellas conectadas por calzadas. Fijándonos en Tikal y otras ciudades mayas del mundo antiguo, nos damos cuenta de que sus ciudades se expandían hacia el exterior de forma indiscriminada, sin una estructura reticular. A juzgar por su ubicación, queda claro que las ciudades grandes se erigieron allá donde pudieran ayudar al comercio. Los asentamientos con buena producción alimenticia y rutas mercantiles idóneas se convertían con el tiempo en estados capitales.

Capítulo 2: Vida Social y Economía de los Mayas

Como se ha mencionado antes, los historiadores dividen la crónica de los mayas en tres épocas principales: el período preclásico, el clásico y el posclásico. El período preclásico se prolonga entre el 2.000 a. C. y el 250 d. C.; la época en la que los mayas cambian sus humildes asentamientos por majestuosas ciudades. No está claro por cuánto tiempo habitaron en Mesoamérica, pero sí sabemos que, antes del 2.000 a. C., los mayas eran básicamente cazadores, y que solo introdujeron elementos agrarios en torno a ese año. El maíz fue una de los primeros alimentos que aprendieron a cultivar y pronto se convirtió en una cosecha básica de la región. Después, ya en el período preclásico, cultivaron habas, chiles, tomates, calabacines y cacao. Los descubrimientos indican que el cacao pudo haberse usado como bebida alcohólica a partir del siglo XV a. C. En cualquier caso, la dieta principal de los mayas seguían siendo los comestibles recolectados, el pescado y la carne.

Los olmecas fueron los primeros en desarrollar un sistema de escritura, aunque no fue tan legible o completo como los textos y jeroglíficos que sugirían después en la cronología maya. También construyeron centros urbanos y practicaron rituales diversos como deportes, degustaciones de chocolate y adoración al jaguar. Codiciaban el jade y organizaron varias rutas comerciales para hacerse con él. Estas rutas les permitieron conectar a varias regiones y seguir expandiéndose durante el período preclásico, propagando las características culturales de los olmecas en toda Mesoamérica.

La vida agrícola ganó en complejidad entre los siglos X a. C. y IV d. C. Aparecieron los primeros sistemas de irrigación que requerían coordinación humana. Los olmecas levantaron estatuas y monumentos, construyeron calzadas y adoptaron el maíz como componente crucial de su dieta. Al final del período preclásico surgieron los estados de Kaminaljuyu y El Mirador. El estilo de vida maya empezó a cobrar forma.

En el período preclásico, los mayas establecieron una base agrícola para su economía. En Mesoamérica, la agricultura era y sigue siendo un reto, ya que el suelo tiene una condición poco fértil y no hay mucho terreno arable. En cualquier caso, numerosas civilizaciones han aplicado técnicas novedosas a lo largo de la historia para paliar las dificultades geográficas. Por ejemplo, en el medievo, los granjeros europeos usaban franjas de tierra dispersas para mitigar riesgos y recuperar posibles pérdidas. La mayoría de las civilizaciones mayas alternaban entre distintas franjas de tierra con cada temporada, lo que les permitía adaptarse al suelo bajo en nutrientes. Los mayas, al igual que los olmecas y aztecas, cultivaron maíz, habas y calabacín. El maíz absorbe el nitrógeno del suelo, mientras que las habas ayudaban a reactivarlo. Algunos historiadores apuntan a la erosión del suelo como una de las principales causas del colapso de Teotihuacán. Para evitar catástrofes, los mayas cultivaban muchos de sus productos alimenticios en jardines forestales llamados *pet kot*. Conectaban asimismo sus campos con canales, lo que dio lugar a un sofisticado sistema de irrigación que evitó el agotamiento de los nutrientes. Los mayas comían sobre todo maíz, pescado, miel, habas, pavo, verduras y bebidas de chocolate. También obtenían sus alimentos del forrajeo y la caza.

El maíz fue siempre el cultivo estrella por delante de las habas y el calabacín. La mitología de la creación maya habla de dioses que crearon a los humanos a partir del maíz blanco y amarillo, ideas que coinciden con el panteón de dioses animales de los olmecas. Los centros ceremoniales, templos, pirámides y plazas recalcaban en sentimiento religioso de las comunidades mayas. Otra fuente de atracción en las ciudades fueron las estructuras religiosas de piedra. Teotihuacán empezó como enclave religioso y acabó siendo una de las ciudades más grandes de la historia de Mesoamérica.

La llegada de los centros urbanos trajo a los mayas grandes progresos en las matemáticas y la astronomía. Inventaron el concepto de "cero": la representación de una no-entidad que les ayudó a resolver problemas complejos. Crearon un calendario que favorecía la producción agrícola al paso de múltiples ciclos. También desarrollaron un sistema de escritura mucho más sofisticado y completo que el de los olmecas, aprovechando la corteza de las higueras para elaborar papel y escribir jeroglíficos en códices. Los mayas heredaron su amor por la escritura de los olmecas, y con frecuencia inscribían sus gestas en piedra y relieves. Buena parte de lo que sabemos de ellos procede de sus jeroglíficos, presentes en estructuras, losas de piedra y productos de alfarería. En ellos se detalla que los mayas eran ante todo granjeros, aunque estaban familiarizados con la violencia y el conflicto. Las revueltas eran habituales y las ciudades-estado solían enzarzarse en batallas por el control de la región.

En la época preclásica, la sociedad maya mostraba una división radical entre las élites y el pueblo llano. Con el tiempo, su sociedad se hizo más compleja gracias a la especialización y la división de trabajo, distinciones que también modernizaron su hegemonía social y política. Según las comunidades rurales se convertían en pequeñas ciudades, y estas a su vez en paradigmas culturales y arquitectónicas, las clases de prestigio se centralizaron en un nexo único. Las facciones ricas se convirtieorn en clanes y dinastías nobles. La aristocracia residía en el centro cultural, donde se encontraban las demostraciones artísticas más sorprendentes: edificios deslumbrantes, inscripciones divinas, bellas esculturas...

La máxima autoridad pertenecía al rey y a la corte. El rey actuaba como líder supremo; una figura casi divina y envuelta en tradición mitológica, además del punto de unión entre el reino mortal y el de los dioses. El pueblo solía identificarlo como el dios del maíz, del mismo modo en que el emperador Kukulcán se convirtió en una serpiente emplumada según la religión yucateca. Kuculcán está a vez asociado al dios azteca Quetzalcoatl, y algunos historiadores sostienen que son en realidad la misma divinidad.

La civilización maya era patrilineal, lo que significa que el poder se transmitía de rey a hijo; normalmente al primogénito, aunque no siempre era así. El sucesor tenía que cumplir ciertos criterios para ascender al trono. Por ejemplo, debía poseer grandes habilidades tácticas y militares, ya que los reyes debían a menudo ir a la guerra en el inestable territorio maya. La coronación del solía implicar una ceremonia sofisticada en la que el rey se sentaba en un cojín de piel de jaguar, sostenía un cetro y se ponía una diadema de jade y un tocado hecho con plumas de quetzal. Si la santidad de la nación estaba en peligro, los reyes podían delegar el trono a la reina en lugar de a su hijo. Al igual que ocurre en nuestra época, la transición de poder debía ser pacífica, de modo que el rey y la nobleza deliberaban antes de tomar una decisión.

La estructura política maya era puramente jerárquica y no se basaba en un modelo burocrático o democrático. Cada corte real atendía a sus propias necesidades, y los títulos de la nobleza solo podían entregarse a cortesanos o aristócratas. Estos últimos solían apoyar a los representantes de la corte y, si bien estos nobles ejercían cierta influencia en cuestiones estatales, la autoridad más importante era la del "señor divino". Sea como fuere, el impacto político y sociológico de la aristocracia creció a la par que lo hacía la población maya durante el período clásico. Gracias a esta expansion y diversificación, otras facciones como el clero o la clase guerrera también cobraron importancia. Las diferencias entre clases dieron lugar a frecuentes conflictos. Se formaban entonces instituciones políticas dinámicas para remediar la situación, y las disputas se resolvían en los mismos entornos públicos en que se realizaban rituales de danza y sacrificios humanos.

El título de señor divino perdió algo de prestigio hacia el final de la era clásica. Los mayas se referían a los miembros de la clase dirigente como *ajaw* y al señor divino como el *k'uhul ajaw*. Las inscripciones jeroglíficas asocian a los ajaw y otros possedores de títulos con ciertas estructuras de la ciudad. Otro título de la estirpe real era *kalomte,* reservado para los emperadores más formidables. El kalomte comandaba a los ajaw, quienes a su vez daban órdenes a los *sajal,* delegados a cargo de pequeños puestos militares. Los sajal podían ejercer de gobernadores regionales o capitanes de guerra a cargo de los prisioneros.

Como en cualquier sociedad, el mayor sector de la población eran los plebeyos, en torno al noventa por ciento de la civilización maya y pilar esencial de su economía. Cultivaban diversos alimentos, participaban en el comercio entre ciudades, interactuaban entre sí en los grandes mercados y elaboraban algunos de los más preciados artículos de joyería y lujo. Aun así, poco se sabe de ellos. No quedan restos de hogares civiles: el tiempo y la naturaleza se los han llevado. El rey, la nobleza y la aristocracia financiaban a artistas y otros individuos de relevancia cultural. Todo aquel que no fuera de sangre noble era considerado un plebeyo, así que no es sorprendente que no aparezcan en inscripciones, jeroglíficos ni esculturas.

Las mayores fuentes de la economía maya eran la agricultura, las materias primas y el comercio. Se extraían materiales como jade, madera, oro y cobre del terreno, y se usaban en combinación con otras materias para manufacturar ropa, armas, papel, muebles, códices y artículos de lujo. Obreros y artesanos constituyeron una robusta clase media que producía bienes exóticos. Las mercancías más apreciadas eran la sal (ya que ayudaba enormemente a preservar la comida), el cacao (ya que a los mayas les encantaba beberlo) y metales como el jade y la obsidiana por su evidente valor económico. Los matemáticos, artistas y artesanos más habilidosos lograban sortear la cadena de mando y vender sus servicios por separado. Se confiaba en el conocimiento de los expertos en astronomía, arquitectura, escritura, escultura, arte, matemáticas y agricultura. Existía incluso un sector de servicios en el que los expertos de distintos campos vendían sus servicios.

Un mercader gobernante dirigía el comercio regional gestionando la producción y el suministro de bienes. En lo más alto de la clase media yacían los consejeros, cuyo conocimiento y habilidad varía ampliamente. La junta consejera era la responsable de mantener el comercio y, por consiguiente, las relaciones entre los distintos estados. Con una estricta supervisión de todos los estratos entre clases sociales, los mayas desarrollaron una sociedad altamente urbanizada con diversos modos de integración.

Las aldeas permanecían aisladas y se centraban casi siempre en el comercio local a corta distancia. Incluso los hogares más eficientes dependían del comercio cercano para conseguir artículos esenciales. Con el tiempo, los asentamientos pequeños empezaron a especializarse en bienes y servicios concretos. Durante el período clásico, las ciudades crecieron exponencialmente y el comercio entre ciudades y reinos se volvió habitual, lo que impulsó el crecimiento de aldeas y ciudades. Los pueblos más pequeños se incorporaron entonces a las rutas de comercio, ya que los mercaderes necesitaban lugares donde descansar tras el arduo camino. Esto contribuyó al desarrollo económico en pequeñas ciudades. Pronto, la sociedad maya se convirtió en un imperio de comercio altamente integrado.

Los mayas utilizaban un sistema básico de trueque. Durante la época posclásica, los granos de cacao se empleaban en negocios del día a día. El jade, el oro y el cobre se reservaban para compras mayores, ya que las civilizaciones mesoamericanas valoraban mucho esos materiales. A medida que el intercambio local y foráneo ganaba tracción, la red comercial de los mayas traspasó su propio territorio y se propagó por toda Mesoamérica.

Capítulo 3: Grandes Monumentos de los Mayas

Basta con fijarse en Tikal para recordar lo avanzados que estaban los mayas en el sentido arquitectónico. Tras derrotar al estado vecino de Calakmul, el pueblo de Tukal entró en un período en el que se construyeron estructuras gigantescas y asombrosos monumentos. A lo largo de esta época se erigieron los templos I y II en la ciudad. Como en muchas otras ciudades mayas, los habitantes de Tikal abandonaron sus pirámides ascendentes y sus esculturas tras el declive. Con el paso del tiempo, la selva ocultó los cimientos de estas estructuras, alejándolos de ojos curiosos. En 1.839, John Lloyd Stephens y Frederick Catherwood llegaron a Centroamérica y, tras un duro viaje debido a la inestabilidad política de la guerra civil, encontraron una losa de piedra magníficamente tallada. Continuaron con su expedición, descubriendo más escaleras, terrazas de agricultura y muros de piedra. Esto despertó el interés de muchos estudiosos, y cada vez más investigadores y turistas empezaron a viajar a América Central.

Las ruinas de Tikal comprenden más de 3.000 estructuras, contando enormes palacioes y templos conectados por calzadas. Estas estructuras se construyeron con un uso abundante de piedra caliza, y su diseño ilustra la influencia de Teotihuacán. La ciudad también albergó una cancha deportiva para jugar al deporte mesoamericano con balón, pirámides pequeñas, plataformas, monumentos de piedra, edificios administrativos, un complejo mercantil, depósitos de agua y residencias. Las estructuras más grandes contienen los rasgos definitorios de la arquitectura y el arte maya: pirámides escalonadas, plataformas elevadas y largas escaleras acompañadas de cámaras abovedadas e imágenes de dioses. La Gran Plaza yace en el centro de la ciudad, escudada por sendos templos a este y oeste. La acrópolis central y la del norte se encontraban a los otros dos lados de la plaza. Construida aproximadamente en el siglo IV d. C., la Gran Plaza y el Acrópolis del Norte han cautivado a los expertos durante mucho tiempo, sobre todo por lo complejo que es guiarse por las dos estructuras. Tanto la plaza como el acropolis se construyeron siguiendo un eje norte-sur, una prueba más de lo bien que los mayas comprendían la astronomía. De manera contraria, los templos I y II, construidos en la época clásica tardía, siguen un eje este-oeste y tienen la impresionante altura de 47 y 38 metros respectivamente.

Los templos I y II forman parte de un grupo de seis pirámides prominentes. Las pirámides, tituladas Templos I -VI, constan de una larga escalinata y un templo en sus respectivas cumbres. Estos seis templos se construyeron en los siglos VIII y IX d. C. El tejado del Templo I estaba adornado con una escultura gigante de un monarca maya y contenía una gran colección de objetos inscritos, como tubos de hueso y cintas, en las que tanto los humanos como las deidades mayas aparecían representados. También había ornamentos de jade y envases de cerámica en el lugar. Los portones de los Templos I y II tienen dinteles de madera parcialmente tallados. El III, conocido como el Templo del Sacerdote Jaguar, tiene una altura de 55 metros y muestra asombrosas ilustraciones de rituales y deidades. Con una nada desdeñable altura de 70 metros, el Templo IV es la estructura más alta de su familia. Otras dos edificaciones podrían haber sido incluso más altas en su día, pero esta sigue siendo la construcción maya más grande del mundo, y la segunda más grande de todo el mundo precolombino. Ell Templo V, de cincuenta y siete metros de alto, es la segunda estructura de mayor tamaño en Tikal. Finalmente, el Templo VI llama la atención por sus modestos 12 metros de altura y recibe el nombre de "Templo de las Inscripciones" por los largos jeroglíficos presentes en su tejado. Estas inscripciones Narran la historia de Tikal desde la época preclásica en el 1.139 a. C.

Todos los grandes gobernantes mayas moraban en el palacio real de cinco plantas en la Gran Plaza. El palacio contaba con varios patios para sacrificios y ceremonias sangrientas, así como con espaciosas galerías. La acrópolis del norte contenía templos erigidos encima de dos superficies llanas, y servía como complejo funerario y lugar de enterramiento para la nobleza. Esta estructura se extendió verticalmente, añadiéndose nuevos templos y plantas para cada enterramiento real subsiguiente. Hay otra acrópolis al suroeste de la Gran Plaza; a la izquierda de dicha acrópolis se encuentra el grupo arquitectónico del "Mundo Perdido", contiguo a la plaza de los Siete Templos. El Mundo Perdido es el complejo ceremonial más grande de toda la ciudad. Adornada con máscaras de estuco del dios Sol, la pirámide del Mundo Perdido se construyó probablemente en la época preclásica tardía. El complejo en sí mismo se remonta a la edad preclásica y ha sido reconstruido muchas veces.

Por mucho que las gloriosas estructuras de los mayas nos seduzcan a día de hoy, la historia de los antiguos mayas era mucho más fascinante antes de que John Lloyd Stephens se topara con aquellas viejas ruinas en el siglo XIX. La leyenda de los mayas ha cautivado a científicos, arqueólogos e historiadores durante siglos. Quienes se han atrevido a adentrarse en Centroamérica en busca de reliquias y ciudades perdidas ha tenido que confiar, más que nada, en la suerte. Era difícil entrar en la zona sin preparación y conocimiento adecuados, y es que el mundo occidental no había oído más que cuentos y mitos. Aunque la civilización maya era apenas una curiosidad para los europeos y norteamericanos, para las poblaciones locales de América Central y América del Sur era una realidad palpable. Algunas poblaciónes de Guatemala, Belice, Perú y México ya habían vivido en esas ruinas durante siglos, y no consideraban que sus estructuras fueran restos de una civilización perdida, sino la marca y herencia de sus ancestros. El encantador trasfondo del imperio maya implica que eran una civilización perdida, pero los mayas siguen viviendo en la actualidad. Hay casi seis millones de mayas en México, Perú y otras partes del continente.

Después de esa expedición decisiva, los exploradores recurrieron durante décadas a los métodos de antaño para descubrir estructuras en la península de Yucatán y en el sur. Viajaron a pie, buscando ruinas en las inmediaciones y confiando en que la suerte les sonriera. Recientemente, este método ha quedado obsoleto con la llegada de la tecnología LIDAR o de detección por luz y distancia (Light and Distance Ranging). Esta tecnología permite hacer mapeados a distintos niveles del terreno: un avión equipado con LIDAR sobrevuela la jungla y cartografía la zona, revelando secretos ocultos entre los árboles. Gracias a ella se han hallado las ruinas preclásicas mayas de Tabasco, conocidas como Aguada Fénix. Se trata del centro ceremonial maya más antiguo que conocemos.

Otro ejemplo es la aldea maya de Kiuic, situada en la región de Yucatán. Kiuic contiene un gran palacio real construido sobre los restos de una pirámide más pequeña. Los expertos opinan que construir el palacio sobre una estructura ya existente fue una forma de legitimizar el poder. Cerca de Kiuic, los arqueólogos han encontrado numerosas estructuras que sugieren que una población mayor inmigró en la región durante la era preclásica. No hay fuentes de agua natural en la región, por lo que los mayas construyeron depósitos subterráneos llamados chultuns con los que colectaban y almacenaban agua de lluvia durante largos períodos. También formaron cámaras subterráneas y las cubrieron con estuco. Curiosamente, los tejados de plazas y grandes pirámides también se utilizaban para recabar agua. Estas pirámides estaban hechas principalmente de piedra y reflejan la hegemonía religiosa de los mayas. Algunos historiadores han asociado su diseño, que empieza con una base sencilla y se vuelve cada vez más ostentoso conforme sube, a una influencia subconsciente de la división religiosa, política y económica. Los arqueólogos concuerdan en que la estructura piramidal imitaba las cuevas sagradas en que los mayas realizaban ceremonias religiosas. Si se observa el Templo de las Inscripciones de Palenque –que no debe confundirse con el Templo VI de Tikal que lleva su mismo nombre–, se descubre que su escalinata está construida sobre una plataforma de nueve cámaras. Estas representan los nueve niveles de Xibalba, el submundo maya. Es evidente, en cualquier caso, que los mayas sabían adaptar sus diseños urbanos a sus necesidades religiosas y prácticas.

Los expertos describen algunas construcciones mayas como "grupos-e"; estructuras piramidales sobre plataformas orientadas al oeste, con una larga escalinata normalmente situada en la cara este. Estas escaleras estaban decoradas con estuco y grandes paneles artísticos. Tanto las estructuras como las plataformas solían erigirse con una precisión de proporciones astronómicas, por lo que se cree que los astrónomos las empleaban como observatorios. Los grupos-e dieron lugar a otro grupo arquitectónico importante: las pirámides triádicas, construidas sobre una plataforma elevada y junto a otras dos estructuras a ambos lados de la superficie. Estos complejos solían estar orientados al oeste, aunque en ocasiones excepcionales usaron el eje norte-sur. Las pirámides triádicas abundan en la region de Petén, sobre todo en Nakbe, donde hay más de una docena.

Junto a Kiuic encontramos la destacada ciudad de Uxmal, uno de los mayores prodigios arquitectónicos de Yucatán. Aquí, las cuatro extrañas estructuras del Cuadrángulo de las Monjas, entre patios y pequeños muros, ilustran varios eventos y entidades religiosas como Quetzalcoatl, la serpiente emplumada. El cuadrángulo se construyó como templo, con trece portones en el edificio norte y nueve en el sur. Los trece portones del norte representan los niveles del cielo maya, mientras que los nueve del sur simbolizan los nueve niveles del submundo maya. Estos cuatro edificios son una representación perfecta del estilo arquitectónico Puuc, que surgió en la era clásica tardía pero no alcanzó su cúspide hasta la clásica terminal. Uxmal también cuenta con la Casa de las Palomas para propósitos rituales y ceremoniales, así como un Palacio del Gobernador que se construyó en el siglo X y cuenta con 24 salas.

Otra ciudad importante de la región de Yucatán fue Chichén Itzá, donde los arqueólogos han encontrado lo que se cree pudo ser un observatorio astronómico. Como hemos mencionado antes, los mayas desarrollaron su calendario, y en Chichén Itzá se encuentra un buen ejemplo de cómo incorporaron sus descubrimientos al diseño estructural: la pirámide de 25 metros de la ciudad, bautizada como "El Castillo" por los españoles, tiene exactamente 365 pasos. Otra muestra de su pericia matemática y astronómica es que la sombra cae sobre los peldaños de El Castillo durante los equinoccios de primavera y otoño.

Los mayas sabían cómo hacer que las ciudades desarrollaran sus comunidades, y diferenciaban distritos para mantener el status quo. Integraron la topografía del terreno en sus planes de construcción, erigiendo algunas ciudades sobre llanuras calizas para que se expandieran hacia el horizonte y fundando otras sobre colinas para construir templos y palacios con más facilidad. Según crecían las ciudades, los astrónomos decidirían su eje según la topografía de la región. A continuación construían plazas y palacios según el alineamento predeterminado. Estas estructuras religiosas y gubernamentales constituían el corazón de las antiguas ciudades mayas. Grandes aceras conectaban los monumentos de la ciudad y, junto a las estructuras de mayor tamaño, varias plataformas albergaban edificios secundarios. Había rebosantes centros culturales y pequeños templos y santuarios. Sin embargo, como cualquier civilización, tenían sus defectos: los expertos no han encontrado señales de planificación urbanística avanzada en Yucatán. La expansión de las ciudades no sigue estructura o plan alguno, en contraste con otros asentamientos mesoamericanos como Teotihuacán.

Capítulo 4: Ciencia, Religión y Lenguaje de los Mayas

El aspecto más fascinante de las civilizaciones precolombinas es que evolucionaron paralelamente a las del Viejo Mundo sin ningún contacto con ellas. Su línea temporal alternativa presenta un reto interesante a la hora de entender cómo han progresado las culturas humanas a lo largo de los siglos. Al igual que hay ciertos parecidos entre las antiguas culturas europeas y las precolombinas, también existen enormes diferencias. Por ejemplo, la invención de la rueda se consideró durante mucho tiempo un hito en la evolución histórica del ser humano. Sin embargo, los mayas se mantuvieron totalmente ignorantes en cuanto al uso de la rueda. Entendían el concepto, tal como muestran algunos artefactos, pero no le dieron un verdadero uso. Más allá de juguetes y otros mecanismos desenterrados, no hay pruebas de que usaran la rueda en su vida diaria. El metal fue otro recurso que los mayas jamás aprovecharon, aunque alcanzaron gestas tecnológicas y arquitectónicas sin él. Por otra parte, muchas invenciones que eran habituales en el día a día de las culturas mesoamericanas jamás existieron en Europa, África ni Asia.

Los mayas usaban mica para crear sus relucientes pinturas y elaboraron tejidos muy sofisticados. Se sabe que los mayas también fabricaban productos de caucho vulcanizado. Comparar la progresión del Nuevo Mundo con la del viejo podría resultar igual que comparar naranjas con manzanas, pero un observador agudo encontrará muchas similitudes entre ambas. La propagación de ideas religiosas siguió trayectorias paralelas. En uno y otro lado del Pacífico, la religión ha servido como instrumento sociológico eficaz; una ideología que une comunidades y da un propósito común a las masas. En ambos mundos, la superstición y la tradición prevaleció por encima de la lógica y la razón. Para contrarrestar esta deficiencia y mejorar la comunicación, se desarrollaron lenguajes y escrituras.

¿Cuánto conocimiento matemático y científico poseían los mayas? ¿Cómo interpretaban elm undo dentro de un marco religioso y espiritual? ¿Qué idiomas hablaban? ¿Se los puede comparar con otras culturas?

Su comprensión de la ciencia y las matemáticas estuvo muy ligada a la astronomía, ya que creían que el cosmos tenía un impacto directo en su vida cotidiana. Contemplar las estrellas era una actividad tan significativa que acabó introduciéndose en la religión. Los calendarios mayas son otro ejemplo del dominio que poseían sobre la astronomía, además de su precisión para calcular equinoccios y solsticios e incorporar esa información a sus monumentos. Aprovecharon, asimismo, los ciclos astronómicos para mantener sus cosechas, un logro aún más impresionante si nos damos cuenta de que lo hicieron sin usar telescopios u otros artilugios modernos. Les bastaba con sentarse en sus observatorios y observar el cielo.

Los mayas usaban dos calendarios solapados entre sí, denominados colectivamente "Rueda Calendárica". Muchas comunidades del altiplano guatemalteco la usaron en siglos subsiguientes. El primer calendario, el Tzolk'in (que se traduce como "división de días), consistía en un ciclo sagrado de 260 días que dictaba las ceremonias y los rituales religiosos. Hoy, las tribus utilizan otros nombres para el calendario, como "el sentido del día" y "la organización del tiempo", pero nadie conoce el nombre antiguo. El segundo calendario, el Haab', era un calendario secular de 365 días que representaban el año solar. Los cálculos mayas eran más precisos que los de los españoles cuando llegaron al Nuevo Mundo. La rueda calendárica completa una iteración tras 52 ciclos de Haab'.

El calendario tzolk'in adquirió una fuerte presencia en Mesoamérica y se puede remontar hasta los olmecas y los zapotecas. Se ha intentado explicar el origen del calendario con varias teorías. Una de ellas se centra en el sistema numérico maya, que tiene una base de 20, y el cielo o mundo divino de los mayas, que contiene 13 niveles. Otra teoría postula que el sistema está relacionado con el mundo mediano o la Tierra y que avanza en harmonía con el período de gestación humano, por lo que el calendario se usaría para que las comadronas siguieran los ciclos natales. Otros sostienen que el calendario está conectado al clima guatemalteco y que se creó para seguir los ciclos agrícolas.

El tzolk'in contiene dos ciclos: el nombre del día y un número. Hay veinte días individuales y cada repetición del día se numera del uno al trece. Cada día tiene una asociación con ciertos eventos y augurios: un día simboliza la muerte, otro está relacionado con el maíz y representa la abundancia, etcétera. El tzolk'in fue una parte crucial de la rutina diaria de los mayas, por lo que aparece con frecuencia en códices e inscripciones. También se empleó el tzolk'in para cultivar maíz, elegir fechas de matrimonio y asociar según qué rasgos de personalidad a la fecha de nacimiento.

Por otra parte, el haab' consiste en dieciocho meses de veinte días, con una recta final de cinco días. Cada fecha del calendario tiene su respectivo número más el nombre del mes. Los últimos cinco días del calendario, los Wayeb', marcan un tiempo peligroso y desafortunado para los mayas: los portales entre el submundo y la Tierra se abren, liberando un sinfín de energías y espíritus malignos. Para combatirlos,

los mayas practicaban rituales especiales y solían permanecer en casa y lavarse el cabello hasta que terminara el año.

Para conocer una fecha en la rueda calendárica necesitamos cuatro datos: el día y número en tzolk'in y el número y mes en haab'. La rueda calendárica mide el tiempo en un ciclo que se repite cada 52 años. Cada fecha volvía a producirse cada 52 años, lo que hacía imposible crear una cronología completa de los acontecimientos. Para solucionar este problema, un sacerdote maya improvisó un sistema llamado la "cuenta larga" en el siglo III a. C. La cuenta larga identificaba cada día separándolo de una fecha fija en el pasado. Los investigadores creen que la fecha base es el 11 de agosto del año 3.114 a. C., día que marca un tremendo valor religioso para los mayas por ser el supuesto día de la creación. La larga cuenta agrupa varios conjuntos de fechas: *baktun* significa 144.000 días, *k'atun* son 7.200 días, *tun* son 360, *winal* 20 y *kin* representa un solo día. Siempre que los mayas necesitaban referirse a un evento de otro ciclo en la rueda calendárica, lo hacían consultando la cuenta larga. Además de incluir fechas anteriores, era un sistema más legible y conciso, por lo que se convirtió en el formato estándar para los monumentos. Había también una forma abreviada llamada la "cuenta corta". La cuenta larga funcionaba de forma similar a la rueda calendárica, pero su mayor intervalo, el "gran ciclo", era mucho más largo: 13 *baktuns* o 5.139 años solares, para ser precisos.

Los mayas eran aficionados a los cuentos y la tradición oral, hecho subrayado por la jerarquía religiosa y la disciplinada conducta social basada en sus calendarios. Si bien la religión maya es un sistema de creencias, es también parte del extenso legado y las costumbres mayas. Estas tradiciones se transmitieron durante siglos y el sistema de creencias se adaptó a ellas. Una práctica, por ejemplo, era la de asociar edificios importantes a sentimientos religiosos. Algunas comunidades dedicaban días específicos a ciertos altares y montañas, indicando el mejor momento para reverenciarlas. La mayoría de estos rituales tenían lugar en los propios lugares sagrados. La cosmología, la geografía y el calendario se utilizaban para determinar la importancia espiritual de cada lugar.

La transmisión oral de rituales entre generaciones dependía de la propagación de cuentos y hazañas, para lo cual se necesitaban narradores. Se estableció una doctrina al respecto: tras pasar por una rigurosa formación, se podía acceder al sacerdocio o ingresar en una orden religiosa. En el templo de Uxmal, una imagen muestra a la serpiente emplumada engullendo a un individuo para luego escupirlo en una imagen contigua. Los estudiosos creen que esto representaba el ritual de iniciación de Uxmal, donde los aspirantes soportaban las pruebas más meticulosas y humillantes. Los sacerdotes aislaban al candidato y lo obligaban a degradarse, castigarse físicamente y sangrar. Hay ilustraciones artísticas que muestran a individuos perforándose sus genitales y otras partes del cuerpo. Salvo en Uxmal, los mayas practicaban sus iniciaciones en cuevas u otros lugares.

Las ofrendas y otros rituales seguían normas estrictas, pues se creía que eran una conexión a otros mundos. A las deidades se les ofrecía maíz, bebidas de cacao, licor de miel, cerámica, joyas, animales e incluso humanos sacrificados. También se enterraban los artefactos sacrificiales bajo suelos y altares, si bien estas no eran "ofrendas" en el sentido teológico de la palabra. Algunos mayas enterraban los huesos de sus acentros bajo sus hogares para mostrar su gratitud y alejar a los espíritus malignos. Los sacrificios marcaban una ofrenda annual o bien servían como oración específica: los mayas solían rezar para que lloviera, o para que una sequía llegara a su fin.

Los funcionarios religiosos tenían el deber de rezar y llevar a cabo los sacrificios en nombre de la nobleza, los linajes puros y la comunidad en su conjunto. Los mayas consideraban que sus cuevas eran los más iluminadores y sagrados de sus lugares. El estudio de estas cuevas ha revelado el arte temprano de los mayas, lo que ofrece nuevos datos sobre sus hábitos religiosos. Se han encontrado indicios de chamanismo en estas cuevas, por lo que los sacerdotes podrían haber empleado sustancias alucinógenas para entrar en contacto con otros mundos en sus rituales.

La mayor parte de lo que sabemos de los sacerdotes mayas procede de los registros de misioneros españoles y los códices que sobrevivieron a la invasión. Junto con un gran número de inscripciones, estos códices han permitido discenir mucha información sobre los lenguajes y la escritura de los antiguos mayas. El sistema de escritura maya fue un hito en la Mesoamérica precolombina, donde ya habían aparecido varios sistemas similares, pero ninguno tan eficaz y completo como el maya. Los olmecas y los zapotecas fueron las primeras civilizaciones en desarrollar su escritura, adelantándose a las demás por unos cuantos siglos.

La escritura maya vino probablemente precedida por una combinación proto-maya de diversos lenguajes locales, incluyendo el idioma olmeca. Los primeros indicios del sistema de escritura maya y sus variantes se remontan al siglo III a. C. Durante el período preclásico, la lengua maya se ramificó en dos variantes o dialectos según la zona: la península de Yucatán en el norte y la Cuenca del Petén al sur. En el siglo III, la escritura maya empezó a adquirir una estructura formal y consistente. Pese a las variaciones regionales, ambos dialectos son conocidos como el "lenguaje maya clásico", pues la mayoría de las inscripciones, tanto en el sur como al norte, se escribieron en esta época y comparten varias similitudes.

La escritura maya siguió empleándose hasta la llegada de los europeos. Los mayas solían escribir en monumentos de piedra, dinteles, objetos de cerámica y sobre todo en papel hecho con corteza de árbol, el cual luego se usaba para compilar códices. Se conservan tres códices mayas en su forma original: el códice de Dresden, el de Madrid y el de París. Los demás se han dañado parcialmente o perdido, y un cuarto códice, el de Grolier, pertenece en todo caso a una mezcla cultural tolteca y maya. Contando monumentos inscritos, artículos de alfarería y códices, los arqueólogos han recuperado más de 10.000 textos hasta hoy.

La escritura maya tenía un sistema logosilábico, compuesto por varios glifos que se unían para formar un bloque. Los bloques de glifos contenían normalmente los signos principales y sus correspondientes afijos. Los signos principales podían ser abstractos o materiales, describiendo tanto la imagen de un sustantivo como un concepto más complejo. Por otra parte, los afijos establecen los elementos del habla. Los mayas de clase baja eran en su mayoría analfabetos, y eran los escribas quienes se encargaban de escribir en las ciudades, cobrando importantes sumas por sus servicios y procediendo habitualmente de familias ricas. Las excavaciones han revelado algunos hechos adicionales: una escultura en Copán, por ejemplo, muestra a escribas con tinteros. Otras imágenes implican que las mujeres participaban en labores artísticas y caligráficas.

Lo confuso del término "maya" es que no se corresponde con una única cultura, sino que combina varias culturas mesoamericanas con similitudes entre ellas. Los mayas del norte evolucionaron de forma distinta a los del sur, como evidencia la división en su lenguaje. Es difícil saber hasta qué punto variaban ambos dialectos, pero, en lo que se refiere al lenguaje escrito, los mayas tenían un estilo relativamente consistente, con pequeñas variaciones a lo largo y ancho de la región.

PARTE 2: LOS TOLTECAS
(674 – 1.122 d. C.)

Capítulo 5: Chichén Itzá y la Conexión Tolteca

Los mayas del sur siguieron una ruta distinta que la de sus contemporáneos del norte. A finales del período clásico, Chichén Itzá se había convertido en el principal enclave septentrional de los mayas. Situado en el este de la península de Yucatán, el lugar acoge una de las siete maravillas del mundo: El Castillo. Este es un testamento del dominio cosmológico de los mayas, si bien su importancia histórica es quizá aún más relevante. Chichén Itzá se traduce como "en la boca del pozo de Itzá", siendo los Itzá un grupo étnico nativo de la Cuenca del Petén en el norte de Guatemala y algunas partes de Belice. Los Itzá surgieran posiblemente del lago Petén Itzá en Guatemala en el período clásico, concretamente en la ciudad de Motul de San José. Al término del período clásico medio establecieron Chichén Itzá. No obstante, la palabra "Itzá" también podría significar "encantamiento del agua" en lugar de ser una referencia demográfica.

El auge de Chichén Itzá no fue un fenómeno aislado. La ciudad adquirió cierta importancia en el siglo VII d. C., pero alcanzó su máximo apogeo en los tres siglos siguientes, lo que coincide con la caída de dos ciudades vecinas: Coba al este y Yaxuna al sur. Es posible que Chichén Itzá contribuyera a su declive, o que la caída de estas dos ciudades aportara más población a Chichén Itzá; los detalles conocidos son escasos. Los toltecas también ascendieron al poder en esta época, de modo que los historiadores han extraído paralelismos en cuanto al crecimiento de ambas culturas. Algunos registros apuntan a una migración desde Tula, la capital tolteca. Por entonces, Chichén Itzá ejercía una influencia sin igual en el comercio y la política de la región, llevando además la batuta en cuestiones de ideología religiosa. La ciudad podía obtener bienes exóticos enviando comerciantes a rutas lejanas, y así adquirieron oro de Sudamérica y obsidiana del México Central.

Chichén Itzá se hizo famosa entre arqueólogos y turistas de todo el mundo cuando John Lloyd Stephens publicó su libro, "Incidentes de Viaje en Yucatán" en 1.843. Cincuenta y un años más tardes, Edward Herbert Thompson, cónsul estadounidense en Yucatán, realizó una investigación detallada de la ciudad y se llevó los artefactos excavados a casa. En 1.926, el gobierno mexicano requisó la plantación de Thompson, acusándolo de robar artefactos arqueológicos. En 1.944, el Tribunal Supremo de México decidió a favor de Thompson, quien ya no seguía con vida. La propiedad recayó en sus herederos, quienes la vendieron a Fernando Barbachano Peón, un pionero del turismo. El terreno siguió siendo propiedad privada hasta el 2.010, cuando el estado de Yucatán lo adquirió y posteriormente cedió al Instituto Nacional de Antropología e Historia de México.

Los restos vigentes de Chichén Itzá apenas muestran el antiguo esplendor de esta metrópolis. La ciudad llegó a cubrir al menos 5 kilómetros cuadrados y a tener cerca de 50.000 habitantes, un número enorme para cualquier ciudad de la época. Dividida en varios distritos por sus muros, contenía unas cien calzadas que conectaban diversos lugares de la ciudad. El terreno aparente ser llano, pero los arqueólogos creen que esto es engañoso: en una región montañosa como Yucatán es difícil encontrar un terreno tan liso, de modo que la teoría es que los propios mayas allanaron la zona para así poder desarrollar la ciudad. Teniendo en cuenta la tecnología de la época, es de suponer que ese proceso llevó muchísimo tiempo.

Imagen 2: Chichén Itzá

Empecemos por lo más obvio: El Castillo, también llamado "Templo de Kukulkán" y uno de los lugares más visitados del planeta. Cuando el sol se pone en los equinoccios, la sombra de una serpiente desciende las esecaleras y se conecta con la cabeza esculpida en la base. Descansando en la plataforma norte, El Castillo se construyó sobre una pirámide más pequeña que ya no es visible desde el exterior, pero sigue ahí. La estructura alcanza una altura de 30 metros, mientras que el pequeño templo en la cima mide 6 metros de alto. Con sus nueve terrazas de tamaño progresivamente reducido, el templo de Kukulkán tiene unas proporciones asombrosamente equilibradas. Los estudios revelan que El Castillo descansa en lo alto de un cenote; un gran cuerpo de agua usado tanto para beber como en sacrificios rituales que también puede encontrarse en Chichén Itzá. Hasta ahora se han encontrado cuatro cenotes u hoyos naturales cerca de Chichén Itzá y se cree que podría haber más. En expediciones se ha encontrado jade, cerámica, oro y restos humanos en el fondo de algunos cenotes. El más sagrado de ellos se encuentra en el norte de la ciudad capital y tal vez se empleaba en ofrendas a Chaac, el dios de la lluvia: cosechas, artilugios de uso cotidiano o incluso sacrificios humanos. Los mayas quizá creían que los cenotes eran portales al submundo, así que la ubicación de El Castillo plantea una pregunta clave: ¿consideraban los mayas que el cenote bajo el templo era el más sagrado de todos? Los nueve niveles de la estructura también imitan los niveles del submundo, y es poco probable que se trate de una coincidencia.

La plataforma norte también contiene la cancha deportiva más grande de Mesoamérica. Consta de muros paralelos con aros de anotación en lo alto. Los jugadores tenían que encestar una bola de goma en dichos aros para ganar el juego. Es posible que Chichén Itzá tuviera hasta trece pistas. Las esculturas en los muros de estas canchas ilustran las reglas y tradiciones del deporte. La Plataforma de las Águilas y los Jaguares, adyacente a la pista deportiva, muestra cierta influencia tolteca. Caminando hacia el sur desde la plataforma norte nos encontramos con el Grupo Osario, que albergó muchos edificios importantes como el Templo Osario y el covento de Las Monjas. La parte más antigua de la ciudad es Chichén Viejo.

Hay varios distritos con estilos arquitectónicos diferentes. Esto muestra la progresión natural de la ciudad, ya que los mayas no eran grandes planificadores urbanos, o bien indica que existía una cultura heterogénea y cosmopolita. La mezcla de grupos migratorios pudo contribuir al pluralism en su sociedad. Las excavaciones y estudios subsiguientes de la ciudad han revelado que Chichén Itzá combina rasgos toltecas con mayas. No hay que olvidar el Templo de los Guerreros, un enorme complejo en el que se encuentran una pirámide y un sinfín de artefactos culturales. El Templo B de Tula es inquietantemente parecido a este, salvo en su tamaño. Los expertos consideran que la conexión entre toltecas y mayas fue un episodio único y sin precedentes en Mesoamérica.

Las similitudes arquitectónicas entre Chichén Itzá y Tula, la capital de los toltecas, han sido objeto de discusión durante muchos años. Ya hace tiempo se observó que Tula tiene una pirámide parecida a la de El Castillo, de modo que los arqueólogos teorizaron que los toltecas conquistaron Chichén Itzá entre los siglos XI y X d. C., lo que explicaría el cambio arquitectónico radical en el período clásico terminal. Algunos especulan que los habitantes originales de Chichén Itzá abandonaron el lugar y los toltecas simplemente lo tomaron a merced. Otros creen que el rey Kukulkán y sus sucesores invadieron la ciudad en varias ocasiones.

Algunas de estas creencias han sido refutadas, mientras que otras siguen bajo escrutinio. Hoy, los expertos suelen creer que los registros de la época indican una migración de Tula a Chichén Itzá, si bien el tamaño de esta migración no está claro. Un registro de Tula en concreto implica que un rey de Tula viajó a Chichén Itzá, donde también se han hallado registros que narran la llegada de cierto rey del oeste. Las investigaciones recientes han demostrado que muchas de las estructuras de ambos estilos se construyeron antes de la presunta invasión o llegada de los toltecas. Las pruebas de datación por radiocarbono revelan que todas las estructuras se construyeron de hecho en la misma época, y que las estructuras toltecas/mayas de Chichén Itzá son más antiguas que las de Tula. Por tanto, las teorías antiguas no consiguen explicar adecuadamente lo sucedido.

Pese a estas nuevas revelaciones, los científicos siguen sin saber cómo se introdujeron esas influencias culturales. Algunos historiadores modernos sugieren que el comercio entre ambas ciudades podría ser el eslabón perdido en esa historia. En Chichén Itzá se utilizaban utensilios que pueden encontrarse en Nuevo México y Arizona, razón por la cual los expertos concluyen que hubo comercio a larga distancia esas zonas. Sabemos que los mayas establecieron muchas rutas comerciales en la región, así que es muy posible que negociaran también con los toltecas. Y es posible que los habitantes de Chichén Itzá, impresionados por la cultura tolteca, decidieran integrar sus valores en su propia cultura. Otra teoría sostiene que el misterio se encuentra tras los orígenes de la ciudad. Chichén Itzá era una zona cosmopolita en todos los sentidos de la palabra. La destrucción de Coba y Yaxuna sumarían números a su población. Que varias culturas convivieran debió sin duda contribuir a la diversidad de su estilo arquitectónico. Y dado que el estilo mayoritario es el tolteca-maya, es probable que hubiera dos etnias en Chichén Itzá: la tolteca y la maya.

A día de hoy sigue sin haber pruebas concluyentes de que los toltecas controlaran Chichén Itzá. Como la datación por radiocarbono ha confirmado que sus estructuras son más antiguas que las toltecas del mismo estilo, algunos historiadores creen que tenemos que revertir nuestra perspectiva: en vez de asumir que los toltecas influenciaron a los mayas, deberíamos preguntarnos si Chichén Itzá influenció a Tula. Esta es una teoría discutida, pues otros estudiosos señalan que ya había edificios de estilo tolteca en Chichén Itzá. Por lo tanto, aunque influenciara a la cultura de Tula, las estructuras toltecas en esta ciudad maya siguen siendo un interrogante.

Está generalmente aceptado que hubo alguna conexión entre ambos pueblos, pero la falta de información pone en cuestión parte de los registros históricos. Aunque se han elaborado numerosas teorías, el conocimiento que se tiene del asunto sigue siendo impreciso. Esto se debe principalmente a la falta de pruebas, ya que muy pocos textos sobrevivieron a la conquista española; las especulaciones de los expertos se basan íntegramente en el arte y la arquitectura de las ciudades. Hay que observar que los mayas realizaban esculturas e inscripciones muy coloridas, en contraste con la monotonía cromática de muchos objetos de hoy en día. El tiempo y el clima han borrado el aspecto vibrante de sus monumentos, pero se cree que los mayas apreciaban mucho el colorido.

La ciudad maya siguió prosperando hasta el siglo XIII, cuando la ciudad vecina de Mayapán asumió el control. Algunas fuentes de los mayas explican cómo sucedió esto. Como se ha discutido antes, los mayas consideraban que los cenotes eran lugares sagrados. Los registros afirman que el gobernador de Mayapán saltó al cenote, salió con vida y profetizó su ascenso al poder. Las investigaciones muestran que Chichén Itzá fue saqueada al menos una vez, con lo que Mayapán pudo o no tener algo que ver. Hacia finales del s. XI, la ciudad experimentaba una clara decadencia, y su influencia en

Yucatán se vio sustituida por la de Mayapán dos siglos después. En los siglos XV y XVI, Mayapán fue respectivamente destruida y abandonada. Cuando los españoles llegaron décadas después, encontraron a gente residiendo en Chichén Itzá. Sigue sin saberse si procedían de otros asentamientos o si formaban parte de la población original de la ciudad.

Capítulo 6: La Incógnita de los Toltecas

Los aztecas, una conjunción étnica de varios grupos del México Central, dominó la región a partir del siglo XIV. El término "azteca", al igual que "maya", es genérico: no se refiere a un pueblo en concreto, sino a muchas tribus y culturas con ciertos parecidos entre sí. El imperio azteca se basó en la alianza de tres ciudades-estado, incluyendo la ilustre Teotihuacán. Examinando la cronología del colapso maya y el ascenso azteca, nos damos cuenta de que hay un vacío importante en la comprensión que hoy tenemos de la historia mesoamericana. Después de todo, el colapso maya se produjo durante los siglos VIII y IX d. C., y los aztecas no se hicieron con el poder hasta cinco siglos después. El hueco entre esas dos épocas requiere un análisis profundo, y por ello los toltecas suscitan un tremendo interés en la arqueología moderna.

Los toltecas aparecen en muchos textos aztecas, habitualmente descritos de forma idealista: un paradigma del desarrollo cultural, económico y político. Los aztecas creían que los monarcas eran una extensión de los dioses, razón por la que afirmaban descender de los toltecas, ya que ese linaje divino les daba derecho a reinar. La tradición oral de los aztecas hablaba de un gran pueblo que surgió de las cenizas de los mayas y dio inicio a una nueva era en Mesoamérica. Los toltecas surgieron probablemente en el este y el centro de México, donde fundaron la ciudad de Tula o *Tōllān* en idioma nahuatl. En esta ciudad se vivía en edificios de jade y oro. Los aztecas atribuyeron casi todas las contribuciones científicas y artísticas de Mesoamérica a los toltecas, cuyo origen sigue envuelto en misterio.

Los aztecas describen al imperio tolteca como una sociedad guerrera que adoraba a un dios de la tormenta, ya fuera la deidad azteca Tlaloc o la maya Chaac. Un sabio rey llamado Quetzalcoatl dirigía el enorme imperio. Los registros aztecas hablan de Cē Ācatl Topiltzin Quetzalcoatl como un rey valiente y humilde que priorizó la educación entre sus vasallos, enseñándoles a leer, escribir y medir el tiempo. Les instruyó en el manejo de materiales lujosos como el oro, el jade y las plumas, y curtió sus habilidades para la agricultura, explicándoles como plantar maíz, cacao y algodón con el que luego se crearían objetos de valor artístico y práctico. Las inscripciones afirman que Quetzalcoatl nació en el 843 y murió en el 895 d. C. Puede que usted ya haya notado ciertas discrepancias y exageraciones, pues sabemos que los mayas ya cultivaban maíz y cacao mucho antes del siglo IX.

También atribuyen a Quetzalcoatl la construcción de cuatro casas de culto y un templo para promover la iluminación espiritual. El templo contaba con majestuosas columnas y detalladas inscripciones con forma de serpiente. Cuando unos hechiceros de la ciudad lo engañaron, Quetzalcoatl huyó al este, avergonzado, donde alcanzó la costa. Allí se incineró y ascendió al cielo, transformándose en un lucero del alba. En Uxmal hay indicios de que existió un culto a Quetzalcoatl. Pese a la conexión, no sabemos si alguien tuvo algo que ver en ello o si la leyenda del rey azteca llegó a la zona. Los registros aztecas dicen que Quetzalcoatl marchó hacia el este, pero cierto texto atípico asegura que, tras enterrar artefactos importantes, Quetzalcoatl incineró a Tollan hasta reducirla a cenizas. Nuestro entendimiento del dios de la serpiente emplumada y los aztecas sigue siendo bastante impreciso: al fin y al cabo, solo sabemos lo que nos aztecas nos han legado. Las opiniones difieren respecto a la veracidad de los registros. Algunos cuestionan la precisión histórica de los registros aztecas, mientras que otros aforman que son narraciones semi-mitológicas

Así pues, ¿existió el imperio tolteca o no es más que una fábula contada por los aztecas?

Si tuviéramos que trazar un paralelismo con otra civilización antigua, es fácil darse cuenta de las semejanzas entre las narraciones aztecas de los toltecas y las historias del Antiguo Testamento. Los estudios han verificado la narrativa de los textos sagrados judíos hasta cierto punto, aunque los historiadores siguen divididos en cuanto a la validez de sus elementos fantásticos. Nuestra comprensión de los textos antiguos depende mucho de premisas elementales como el método socrático. No es posible obtener pruebas fehacientes de cada pequeño detalle, así que la deducción y las conjeturas inteligentes son técnicas habituales en la arqueología. Debido a la falta de pruebas, la comunidad científica suele mostrar desacuerdos en cuanto al estudio de las culturas mesoamericanas. Las opiniones de los intelectuales modernos en cuanto al imperio tolteca se dividen entre perspectivas históricas y las no históricas.

Los historiadores están de acuerdo en que buena parte de la narrativa azteca es mitológica y no debería interpretarse con literalidad. Sin embargo, creen que es necesario hacer un análisis comparativo y prestar atención a los detalles para extraer alguna conclusión histórica sólida. Por tanto, los registros aztecas no deberían desdeñarse como fuentes no fiables. A finales de la década de 1.850, el francés Désiré Charnay llegó a Yucatán. Inspirado por los libros de John Lloyd Stephens, empezó a explorar ruinas mesoamericanas y a fotografiar sus edificios, inscripciones y artefactos. Siguió realizando expediciendos durante la mitad del s. XIX y recaudó suficiente dinero como para seguir la travesía de Quetzacoatl desde Tula hasta la península de Yucatán, convirtiéndose en el primer arqueólogo en hacerlo. Cuando llegó a Chichén Itzá, la pista deportiva y las columnas con forma de serpiente despertaron su atención de inmediato. Observando las similitudes entre Tula y Chichén Itzá, concluyó que Tula fue la capital de los toltecas. Su perspectiva histórica propone que los toltecas conquistaron Chichén Itzá con violencia, aunque no hay pruebas directas que sostengan esta teoría. Si acaso, los estudios recientes han demostrado que esta perspectiva es problemática e indeseable.

Tras esa excursión inicial, muchos estudiosos reflexionaron en torno a esta cuestión. En los años siguientes, el término "tolteca" empezó a percibirse de forma diferente, asociándose a ciertos rasgos culturales que surgieron en el altiplano de Guatemala, Chichén Itzá y el Mayapán durante el período posclásico. Estos rasgos se conocen como las influencias "mexicanas" de los mayas. Durante buena parte del siglo XX, la perspectiva histórica era la escuela de pensamiento prevalente. Algunos historiadores y estudiosos creían que los toltecas eran una etnia distintiva que gobernó en Tula o al menos se asentó allí con el tiempo. Teorizaron, asimismo, que el imperio tolteca dominó e influyó en el territorio del centro de México entre los siglos X y XII d. C., y que el mito azteca de Tollan era simplemente una referencia a Tula. Los aztecas empleaban el término "Tollan" con frecuencia, normalmente para referise a las ciudades-estado mexicanas. Algunos historiadores, como Enrique Florescano, argumentan que pudo haber sido una referencia a la poderosa ciudad de Teotihuacán y que, con el paso del tiempo, los textos mayas empezaron a referirse a Chichén Itzá como Tollan. H.B. Nicholson y Nigel Davies han sido un tanto más escépticos con los argumentos historicistas, y consideran que deben aplicarse métodos críticos para separar los elementos mitológicos de los hechos verdaderos.

Durante el siglo XIX, Daniel Garrison Brinton, un historiador y etnólogo estadounidense, se opuso a la creencia de que existió un imperio asentado en Tula. Otros anti historicistas también consideran que los textos e inscripciones aztecas son narrativa religiosa con poco valor históricos, y algunos rechazan por completo los cuentos aztecas, pues consideran que el imperio tolteca es tan solo la cuarta de las cinco edades de la mitología religiosa azteca. La mayoría de los anti historicistas afirman que, salvo en el caso de unos pocos emperadores y sus batallas, cualquier validez que se atribuya a los textos aztecas es un intento de encontrar respuestas donde no las hay. Señalan también a las estatuas de Teotihuacán y Tenochtitlán como la más importante contribución a la cultura de Mesoamérica. Relativamente, la influencia tolteca se queda más bien corta.

Algunos estudios recientes parecen dar fuerza a las perspectivas anti historicistas. La investigación moderna favorece a menudo la perspectiva comparada o el "análisis comparativo", un método con el que se intentan extraer conclusiones a través de la comparación de dos documentos, procesos, objetos o cualquier otra cosa. En la investigación comparativa histórica se examinan los hechos más relevantes con construcción teórica, relacionándolos con la época actual y comparándolos con otros acontecimientos históricos. Este enfoque ayuda a entender rasgos sociológicos generales y la forma en que se manifiestan. El estudio de los toltecas plantea los mismos problemas que suelen hallarse en el análisis comparativo histórico: la información histórica es incompleta, la magnitud y complejidad de los sistemas sociales nos es desconocida y los documentos personales que se conservan, como cartas, diarios o memorias, reflejan probablemente opiniones sesgadas.

En la actualidad, los investigadores han empezado a favorecer el enfoque original de Brinton: el análisis crítico de los registros. Los estudios modernos enmarcan la palabra "tolteca" de forma muy distinta. Según ellos, los aztecas rememoraron la sofisticación, el vigor y la ferocidad de las civilizaciones mesoamericanas antiguas elevándolas a la categoría de leyenda. Teniendo en cuenta que los reyes aztecas eran vistos como figuras casi divinas, esta propuesta parece tener sentido.

Algunos historiadores contemporáneos sostienen que es imposible entender a los toltecas con la información de que disponemos. Los registros aztecas son increíblemente difíciles de descifrar debido a su ambigüedad. Sabemos que los aztecas entendían el tiempo de forma cíclica, lo que dificulta aún más nuestra búsqueda de respuestas. Quetzalcoatl es el mejor ejemplo de esta dificultad, porque es un nombre atribuido a dos personajes distintos. El primero es el fundador de los toltecas, un gobernante que demostró su valor y dominó a sus enemigos. El segundo fue el último líder de los toltecas, quien vaticinó el declive de su pueblo en Mesoamérica. Los sacerdotes toltecas castigaron a Quetzacoatl con una vida de vergüenza y humillación, obligándolo a abandonar su tierra. Esta confusión hace que sea imposible distinguir entre Quetzalcoatl, la deidad, y Topiltzin Cē Ācatl, el personaje histórico.

Los aztecas pertenecían a la etnia nahua. En nahuatl, "tolteca" significa artista, artesano o sabio, lo que contrasta con la palabra "Chichimecayotl" que describía a los chichimecas. Algunos los consideraban bárbaros; gente que aún estaba por civilizar y urbanizar. Si aplicamos este modelo a los períodos posclásico o clásico terminal, los aztecas podrían haber empleado la palabra "Tollan" para referirse a cualquier centro urbano respetable y "toltecas" para describir a sus habitantes. Los títulos de varios lugares en Mesoamérica referencian a Tollan. También es posible que algunas personas se declararan descendientes de los toltecas porque los pueblos mesoamericanos admiraban la pureza de sangre. Esta interpretación parece aún más posible al observar que varios asentamientos de los mayas, los aztecas y los k'iche fueron supuestamente fundados por Quetzalcoatl.

Durante el período posclásico surgieron cada vez más rasgos "mexicanos" en gran parte de Mesoamérica. Los indicios habituales de los toltecas incluyen las esculturas chac mool halladas en Tula y Chichén Itzá (las esculturas con relieves de la serpiente emplumada) y enormes galerías con columnas engalanadas. Cuando las características toltecas empezaron a aparecer en la región, su inclusión en otras culturas fue selectiva. En lugar de verla como una amenaza externa, muchas culturas adoptaron de buen grado la influencia tolteca en su estilo de vida. Los escépticos no niegan esto, pero atribuyen ese hecho a distintos eventos. Teotihuacán pudo haber sido destruida en la era clásica, pero sus habitantes no sufrieron el mismo destino: perdieron sus hogares, se vieron obligados a emigrar y probablemente se llevaron su cultura a otras partes de la región. Los rasgos mexicanos pudieron ser sencillamente una evolución de dichas ideas culturales, mezcladas con las de varias civilizaciones mesoamericanas. En años recientes, los estudiosos han dejado de referirse a Tula como la cuna de un gran imperio, y usan la palabra "toltecas" para referirse a los habitantes de esa ciudad.

Hay varias interpretaciones que sirven a diferentes versiones de la verdad. La realidad objetiva de los toltecas sigue eludiéndonos. Algunas interpretaciones han resistido mejor el paso del tiempo, pero eso no demuestra nada sobre su validez. Sin pruebas sustanciales, no podemos afirmar quiénes eran los toltecas, dónde existió su imperio... Y la parte más intrigante del misterio: qué era exactamente Tula.

Capítulo 7: Tula, la Ciudad de los Toltecas

Tula es un enclave arqueológico situado en el estado mexicano de Hidalgo. Muchos historiadores y arqueólogos lo consideran el centro regional del imperio tolteca. Yace 75 kilómetros al norte de Ciudad de México, en la ciudad moderna de Tula de Allende. Al igual que Chichén Itzá, está a unas dos horas de Ciudad de México en coche, solo que en dirección opuesta. Situadas entre suelos aluviales y los ríos de Rosas y Tula, las ruinas de la antigua ciudad ocupan dos lados de un pequeño cedro. Tudra es una palabra nahuatl que se traduce más o menos como "cerca de las espadañas".

La ciudad alcanzó su cénit en torno al año 850 d. C. y entró en decadencia tres siglos después. Fue la metrópolis por excelencia de su período, cubriendo el hueco entre la caída de Teotihuacán y el auge de Tecnochtitlán, la capital azteca. Al igual que ocurre con los toltecas, los estudios contemporáneos de Tula proporcionan interpretaciones variadas y puntos de vista conflictivos.

Debemos preguntarnos: *Cuando los aztecas mencionaron a "Tollan", ¿se referían al sitio de Tula en Hidalgo?*

Imagen 3: Tula

Las extensas investigaciones y estudios arqueológicos realizados concluyen que Tula fue probablemente la capital de los toltecas, opinión que muchos historiadores han respaldado. En todo caso, antes de establecer el significado de Tula, deberíamos demostrar que Tula fue realmente Tollan. Si intentamos restringir Tollan a un grupo de ruinas arqueológicas, nos topamos con varios problemas. Tula era considerablemente grande, pero no podría haber tenido demasiada influencia en toda la región. Participó en comercio, pero no ejerció mucho control más allá de sus estados contiguos. Es poco probable, por tanto, que produjera todo un imperio de poderosos guerreros y ciudadanos sabios. Esto indica que los aztecas pudieron haber empleado la palabra en varios contextos diferentes, y que es muy posible que Tula fuera la Tollan original.

Por otra parte, fijándonos en Teotihuacán, no es posible ignorar el hecho de que se hundió siglos antes de la aparición de los toltecas, de modo que es improbable que Teotihuacán fuera la Tollan original. Algunos intelectuales, sin embargo, opinan que los toltecas pudieron haber invadido y saqueado esa ciudad.

Si Tollan era un lugar único y concreto, probablemente se tratara de Tula en Hidalgo, donde varias esculturas ilustran la cosmología y la mitología de Quetzalcoatl. También se ha descubierto un glifo que muestra la fecha y el nombre de nacimiento de Topiltzin Cē Ācatl, el gran líder tolteca. Este hallazo solidifica la posición de Tula como posible centro tolteca.

Los primeros asentamientos conocidos en Tula se remontan al año 400 a. C., cuando varias tribus indígenas habitaban la zona. Durante la segunda mitad del período clásico, el lugar cayó probablemente bajo control de Teotihuacán, tal como muestran los productos de alfarería encontrados. Poco después, el territorio maya empezó a debilitarse y su población se redujo seriamente. Durante los siglos X, XI y XII d. C., la diáspora de Teotihuacán y los mayas del sur se disolvió en la región, lo que condujo a nuevos asentamientos, alianzas políticas y el desarrollo de las rutas comerciales. El vacío de poder dio más influencia a los estados pequeños. En esta fase se observan nuevas rutas de comercio y estilos artísticos innovadores en Xochicalco, Cholula, Cacaxtla y, sobre todo, Chichén Itzá. La cerámica de Tula revela que hubo cambios significativos en esa época, y que nuevos pueblos empezaron a asentarse sobre colinas. La arquitectura posterior muestra señales claras de pluralismo e implica que esas nuevas sociedades fueron probablemente multiétnicas. Es bastante posible que un grupo étnico, como los toltecas, absorbiera a las masas desplazadas y expandiera su ciudad.

Tula se estableció como pequeña ciudad cerca del año 750. Si visita Tula en la actualidad, verá dos grupos de estructuras en el lugar. Uno recibe el nombre de Tula Chico, mientras que el otro se llama Tula Grande. Durante el período clásico temprano, la población de la ciudad se concentraba en Tula Chico, cuyas estructuras son visiblemente más pequeñas que las de otros asentamientos de la época. Puede que Tula contribuyera al comercio y la política regional de manera más bien tímida. A principios del clásico tardío, Tula Chico se expandió hasta convertirse en un centro urbano de 1,5 kilómetros cuadrados aproximadamente. En su cénit, se cree que Tula Chico pudo llegar a cubrir cinco o seis kilómetros cuadrados con una población de entre 19.000 y 27.000 habitantes. En la segunda mitad del siglo, Tula Chico fue abandonado y Tula Grande empezó a formarse. Algunas partes originales de Tula Chico podrían seguir enterradas actualmente en Tula Grande. En la era clásica terminal, Tula Grande siguió expandiéndose hasta cubrir cerca de 14 kilómetros cuadrados y albergar a unos 60.000 habitantes. Otras veinte o veinticinco mil personas habitaban en la periferia de la ciudad.

Igual que los arquitectos de Teotihuacán, los toltecas alinearon la mayoría de las estructuras de la ciudad unos 17 grados al este del norte real. La primera aldea, no obstante, estaba orientada hacia el norte. La estructura ceremonial de Tula se construyó sobre una base de piedra caliza, rodeada en tres direcciones por riberas empinadas. El distrito cívico en el corazón de la antigua ciudad se conoce como Precinto Sagrado, y es una gran plaza cuadrangular rodeada por tres estructuras en forma de ele: la Pirámide A, la Pirámide B y el Palacio Quemado. La ciudad tiene también dos pistas deportivas y otros edificios de gran tamaño. En toda la zona hay indicios de innovaciones arquitectónicas y cambios drásticos en la vida social de la ciudad. Hay un considerable espacio dedicado a rituales y ceremonias, con mucho énfasis en la guía espiritual de la ciudadanía. Los toltecas empezaban por entonces a practicar sus rituales de forma pública. Con tres estrechas salas de reuniones, la plaza central podía acoger a 100.000 personas a la vez. Las columnas de las salas de reuniones están orientadas a la plaza, la cual cuenta con casi 1.000 metros de bancos decorados con motivos de ceremonias.

La estructura más exótica, fantástica y llamativa del lugar es, sin duda, la Pirámide B. Conocida como "Pirámide de Quetzalcoatl" o "Pirámide del Lucero del Alba", se trata de una estructura de cinco niveles que imita el diseño del Templo de los Guerreros de Chichén Itzá. El lucero del alba es una referencia al planeta Venus, que tiene una gran importancia astrológica para las civilizaciones mesoamericanas: desaparece de noche y reaparece a la mañana. La estrella representa el paso de Quetzalcoatl por la tierra como entidad humana. Los toltecas creían que, igual que el lucero del alba, volvería a aparecer. A veces al templo se le conoce como "Templo de Tlahuizcalpantecuhtli," que se traduce aproximadamente como Templo del Señor del Amanecer.

En lo más alto de la pirámide encontramos las colosales y majestuosas estatuas de cuatro guerreros: los "guerreros atlantes", de 4,6 metros de altura. Al principio, estas figuras hacían las veces de columnas para sostener el techo del templo. La connotación "atlante" fue asignada por expertos norteamericanos y europeos en el siglo XIX: en realidad, ninguna característica de las figuras guarda relación con la civilización de la Atlántida. Los métodos de fechado indicant que las estatuas se erigieron en el año 750 d. C. o poco después.

Los toltecas construyeron las estatuas con piedra de basalto, material que ya no está disponible en la zona. Cada estatua se divide en cuatro secciones apiladas una encima de la otra, y algunas habían caído en el momento de ser halladas por los arqueólogos. Las estatuas están hechas quizá a semejanza de cuatro guerreros toltecas. Con su imponente altura, desprenden un aura inquietante y amenazadora. Su mirada decidida refleja una calma estoica y un sentido del deber hacia sus semejantes. Cada figura lleva una coraza con forma de mariposa y tocados hechos con plumas y escamas de serpiente. Portan escudos en la espalda y lanzas en las manos. Su presencia en el centro de Tula pudo haber sido una demostración de poder. Estas estatuas refuerzan la imagen de los toltecas como diestros artistas y poderosos guerreros.

El Templo de Quetzalcoatl representa la escuela artística y arquitectónica de Tula. Comparada con estructuras parecidas en Teotihuacán y Tenochtitlán, sus edificios son más pequeños. Esta disminución de tamaño imita a otro fenómeno, y es que la ciudad de Tula era también más pequeña que ambas metrópolis. Los toltecas pudieron optar por reducir el tamaño a cambio de decorar sus estructuras con más meticulosidad. Las cinco plantas del templo principal ilustran a entidades naturales y supernaturales como felinos, aves alimentándose de corazones humanos y cuerpos saliendo de la boca de la serpiente emplumada. La representación de la serpiente emplumada devorando y regurgitando humanos también aparece en Uxmal.

El otro templo de la ciudad, también llamado "Templo del Sol" o Mayor, ya no está intacto. Era el templo principal de la ciudad y, en su forma original, sería también el más grande. Además del templo principal nos encontramos, pasado un callejón estrecho, con los restos calcinados del Palacio Quemado, donde probablemente residía el dirigente de Tula. Frente al Palacio nos topamos con unas cuantas estatuas chac mool sin cabeza. De las siete, solo una perdura en su forma completa. Los frisos de la zona Narran la historia de Mixcoatl y Tlahuizcalpantecuhtli con coloridas representaciones de águilas, jaguares, coyotes, hombres pájaro y otras criaturas. Se cree que Mixcoatl era el padre de Quetzalcoatl, mientras que Tlahuizcalpantecuhtli es la forma de la serpiente emplumada en el momento de su inevitable regreso.

El trabajo artístico más impresionante es Coatepantli, el Muro de las Serpientes, situado en una zona opuesta a estos frisos. Las obras de arte más conocidas de Tula se hicieron con piedra sedimentaria local y contienen relieves muy coloridos. Ilustran también serpientes que devoran a seres humanos, reflejando el mito de Quetzalcoatl y los sacrificios humanos. También es destacable el friso de los Caciques, que se encuentra en una sala que conecta la pirámide principal con la plaza central. Se cree que los diecinueve hombres del friso pudieron ser jefes locales o mercaderes. Hoy, Tula cuenta con un museo y un centro de orientación con esculturas de piedra y otros hallazgos arqueológicos. En general, los motivos artísticos toltecas son muy parecidos a los de Teotihuacán y subrayan las mismas creencias religiosas.

Muchos expertos creen que la aparición de rutas comerciales entre regiones incluían mucho tráfico procedente de Teotihuacán. Las redes mercantiles servían principalmente para intercambiar sal y obsidiana en el siglo IV a. C. El constante flujo de comercio creció de forma exponencial tras la caída de Teotihuacán. En el siglo VIII, los mercados de Tula alcanzaron su máximo potencial. Los aristócratas, artesanos y mercaderes ricos formaban la élite de la ciudad, mientras que los granjeros vivían en la periferia. Es posible que lloviera más en la zona durante la era clásica, lo que explicaría la falta de irrigación natural. Las excavaciones han encontrado pruebas de que se cultivó chile, maíz, habas, calabacín, amaranto y maguey. Al igual que para los mayas y muchas otras civilizaciones mesoamericanas, el maíz fue una fuerte importante de comida. La obsidiana también fue un element importante de las rutas comerciales por su abundancia en la zona de Tula. La ciudad contaba con una base agrícola, si bien muchos habitantes trabajaban en la minería y en el tallado de obsidiana.

Tula sufrió un repentino declive durante los siglos XI y XII, momento en el que gran parte de la población abandonó su hogar y emigró a otros territorios. No se sabe mucho del colapso de los toltecas. Según algunas opiniones, los desastres naturales hicieron que la vida ya no fuera práctica en la región; otros argumentan que las disputas internas pudieron terminar por arruinar la ciudad. Esta teoría coincide con el mito de Quetzalcoatl, quien fuera traicionado por los jefes locales. Pese a su caída, Tula siguió existiendo hasta la invasión española de las Américas.

Tula ha pasado desapercibida en comparación con otras grandes ciudades de Mesoamérica como Teotihuacán, Monte Albán y Tenochtitlán. No se han producido estudios arqueológicos masivos en Tula, y la falta de investigación y pruebas es tan solo una minúscula parte de los problemas que se presentan a la hora de resolver su misterio. Sea cual sea la teoría propuesta, el hecho es que el impacto de los toltecas en la región es evidente. Se ha propuesto que Tula pudo ser un asentamiento pequeño, con poco efecto en el enorme territorio de Mesoamérica. Sin embargo, en excavaciones recientes se han encontrado complejos residenciales cerca del centro ceremonial, lo que negaría esta teoría. El impacto del arte tolteca se extendió y, cuando los españoles llegaron al Nuevo Mundo, Quetzalcoatl ya era una figura de culto en toda Centroamérica, incluso en la ideología azteca.

Capítulo 8: Cē Ācatl Topiltzin, el Mítico Rey Tolteca

En 1.504, el español Hernán Cortés llegó al Nuevo Mundo cuando aún era un adolescente. Tras ayudar a Diego Velázquez en la conquista de Cuba, fue ascendido y posteriormente enviado al interior de México. Sin embargo, sus superiores cambiaron de idea y le ordenaron que se quedara. En 1.519, el conquistador español ignoró esas órdenes y partió a México con el objetivo de conquistarlo, lo que suponía un acto de traición. Pasó brevemente por Trinidad para aprovisionarse y reclutar hombres, tras lo cual llegó a la península de Yucatán. En nombre de la corona de España, derrotó a todos sus enemigos mientras se aprovechaba cuanto podía de las disposiciones tribales de los indígenas. Volviendo a las tribus en su contra, se aliaba con unas y traicionaba a otras. Cuando los españoles llegaron a la capital azteca de Tenochtitlán, contaban con un ejército colosal. El rey azteca, Moctezuma, permitió que Cortés y su ejército entraran en la ciudad, cubriendo de oro, jade, obsidiana y otras ofrendas a los oficiales españoles. En una carta al rey Carlos, Cortés afirman que los aztecas lo tomaban por Quetzalcoatl o uno de sus emisarios. La creencia en Quetzalcoatl estaba tan extendida en Centroamérica que incluso los reyes eran vulnerables frente a invasores.

Hernán Cortés capturó a Moctezuma y saqueó la gran ciudad de Tenochtitlán, lo que marcó el fin del esplendor azteca. Aunque los aztecas explicaron la inacción de Moctezuma con la creencia de que Quetzalcoatl había regresado, debemos observar que esa historia surgió después de que los españoles tomaran la ciudad, lo que hace que algunos historiadores se pregunten si los aztecas solo intentaban salvar su honor con esa explicación. Mientras Moctezuma cubría a los españoles de alhajas, su ejército ya había empezado una guerra contra los españoles fuera de la ciudad. Puede que Moctezuma considerara a los españoles como posibles aliados con los que agrandar su reino. Sea cierta o no la historia de que Moctezuma creyera en el regreso de la serpiente emplumada, funciona como una estupenda distracción para racionalizar la derrota. Esa distracción solo funcionó por la fe que existía en la serpiente emplumada de Tollan. Algunos estudiosos contemporáneos cuestionan la frase "el culto de Quetzalcoatl", porque no era tanto un culto como una ideología política y fervientemente religiosa que engulló a toda la región.

¿Quién fue Quetzalcoatl? ¿Un emperador tolteca de profunda sabiduría y vigor sin igual? ¿O era más bien una idea que englobaba mucho más que un solo individuo?

Quetzalcoatl se traduce literalmente como "serpiente de plumas hermosas" y aproximadamente como "la serpiente con plumsa de quetzal". Un quetzal es un ave que puede encontrarse en varias regiones de México. La bandera de Guatemala lo incluye en su bandera como símbolo nacional. Quetzalcoatl está elevado a la categoría de los dioses aztecas, junto con Tlaloc, Huitzilopochtli y Tezcatlipoca. Muchos lo consideraban el dios del sol, el viento y el aprendizaje. Había diversas inerpretaciones de Quetzalcoatl según la región, y buscar consistencias entre esas narrativas sería ingenuo. En según qué épocas fue adorado como dios de la vegetación, mientras que otros pueblos lo asociaban con el planeta Venus, la artesanía y el conocimiento. Por ejemplo, los huastec del centro de México lo relacionaban con Ehécatl, el dios del viento, cuyo atuendo era muy parecido. El templo de Quetzalcoatl en Tenochtitlán es circular porque se creía que dicha forma simbolizaba al viento: los bordes afilados son obstáculos para el viento, mientras que las formas circulares parecen contribuir a su dinamismo. Lo mismo puede observarse en los estados de Veracruz y San Luis Potosí en el centro-este de México, donde habitaban los huastec.

Las ilustraciones muestran a Quetzalcoatl vestido con plumas de quetzal y un talismán colgado de su cuello. Estas piedras y joyas representaban a diversas fuerzas elementales del cosmos. El culto a la serpiente emplumada se remonta a la época entre el siglo I a. C. y el I d. C., si bien las primera representación iconográfica de la deidad procede del siglo IX a. C. en un asentamiento olmeca, donde puede verse a una serpiente ascendiendo tras una persona en una especie de ritual. Esta representación podría demostrar que ya había una serpiente emplumada en el panteón religioso de Mesoamérica, aunque los historiadores favorecen la teoría de que Quetzalcoatl no apareció como tal hasta la era preclásica. Hay también algunas representaciones de serpientes emplumadas en Teotihuacán que pertenecen al preclásico, pero en ellas la serpiente emplumada está dibujada como entidad primaria, sin rasgos humanos. Esos rasgos humanos no aparecieron hasta el período clásico, hecho que los historiadores atribuyen a la iconografía y las inscripciones halladas en varios lugares del centro de México, como Cholula y Cacaxtla. En particular, Cholula pudo haber sido el principal centro de culto a Quetzalcoatl durante los años siguientes.

Quetzalcoatl suele confundirse con el rey tolteca Cē Ācatl Topiltzin, quien lideró un imperio agresivo y sofisticado durante el siglo X. Su título, Cē Ācatl Topiltzin Quetzalcoatl, podría traducirse como "Nuestro Príncipe Serpiente Emplumada de Una Caña". Hay varias historias que narran la vida y genio del emperador tolteca. Nació en Tepozltán en "1 Acatl", lo que se corresponde con el 13 de mayo de 895. Los registros varían en lo que se refiere a sus padres.

Hay muchas historias diferentes que explican cómo Quetzacoatl llegó a ser quien era. Una de ellas afirma que fue hijo de la deidad azteca Chimalman, que significa "escudo de mano" y que era virgen. Otra historia dice que Chimalman se tragó una esmeralda y así concibió a Quetzalcoatl. La creencia más popular es que su padre fue Mixcoatl, otra divinidad tolteca y presumiblemente también un rey. La historia dice que Mixcoatl le mostró una flecha a Chimalman, quien se quedó encinta y dio a luz nueve meses después. Mixcoatl, que significa "serpiente de la nube", era el dios de la guerra, el fuego y la caza. En ilustraciones y esculturas se le puede ver con ropajes a rayas rojas y una mácara negra sobre los ojos. Tlahuizcalpantecuhtli, el dios del lucero del alba y segunda rendición de Quetzalcoatl, comparte esas mismas características. Además, Mixcoatl lleva equipo de caza, un arco y flechas, como las que se pueden ver en las estatuas atlantes de Tula. Los aztecas adoraban a Mixcoatl, pero no tanto como a otras deidades. Muchos grupos indígenas como los otomi y los chicimecs lo tenían en lo más alto de su panteón. En lugares como Tlaxcala o Huejotzingo se le adoraba como divinidad central.

Ya en su infancia, Topiltzin demostró ser un feroz guerrero. Se dice que lideró a su gente hasta la ciudad de Tollan, donde ejerció de sacerdote. La mayoría de las culturas mesoamericanas, incluyendo a mayas, toltecas y aztecas, enfatizaban el conflicto tribal, la guerra y el sacrificio humano. Algunos invasores europeos notaron que los indígenas pertenecían a una estricta cultura tribal y que a menudo iban a la guerra por disputas simples. Los invasores explotaron esa debilidad tanto como pudieron por método de dividir y conquistar. Todo esto resalta la importancia de la estatua de Topiltzin entre las civilizaciones mesoamericanas y su reputación humanista entre sus vasallos. Los toltecas lo consideraban su líder más eminente en materias espirituales y sociológicas. Su preferencia por la paz y la contención le llevaron a predicar ideas sofisticadas y a abolir los sacrificios humanos. Los mitos describen que Quetzalcoatl evitó usar a las personas como ofrendas sacrificiales, y que en su lugar optaba por aves, serpientes, mariposas y otros animales. También obligó a los sacerdotes a mantenerse célibes y a no usar sustancias embriagadoras. Sabemos que los mayas usaban alucinógenos en sus rituales en cuevas.

Según las narraciones, Topiltzin viajó para conquistar otros asentamientos y predicar sus valores, estableciendo incluso nuevas sociedades y comunidades. A partir de aquí, los registros difieren en cuanto a qué fue de Topiltzin. Algunos creen que, tras predicar su palabra, viajó al este para encontrar un lugar sagrado de descanso. Otros creen que viajó a Tlapallan, una región del golfo de México, donde construyó una pira en la que poder hacer el sacrificio definitivo: calcinando su propia piel, se transformaría en el lucero del alba. Otra versión sostiene que embarcó en una balsa de serpientes y desapareció tras poner rumbo al este.

Cholula es, después de Tollan, la ciudad más importante en lo que se refiere a Quetzalcoatl. En su apogeo, Cholula era la segunda ciudad más poblada de todo México con unos 100.000 habitantes. Su población empezó a reducirse en el siglo VIII, pero siguió siendo un centro de actividades religiosas durante varios siglos más. Hoy es una atracción turística gracias a su gran pirámide, la mayor zona arqueológica con una pirámide en todo el Nuevo Mundo. Se trata del monumento más grande construido en cualquier momento de la historia, y se erigió en honor de la serpiente emplumada. La mitología dice que un gigante llamado Xelhua escapó de una inundación y construyó la pirámide. Lo más probable es que fuera realmente construida en cuatro agotadoras fases, desde el siglo III a. C. hasta el IX d. C. Cuando la construcción terminó, la pirámide era seis veces más grande que sus proporciones originales. Una escuela de pensamiento mesoamericana creía que Topiltzin regresaría para reclamar Cholula.

La cronología ha sido un problema persistente con Quetzalcoatl. El cénit de Cholula ya había quedado atrás en el siglo VIII d. C., y Topiltzin llegó al poder en el X. Hay un vacío enorme entre ambos eventos. Dado que las culturas mesoamericanas veían a sus reyes como figuras casi divinas y entendían el tiempo de forma cíclica, Topiltzin continuó probablemente las conquistas de sus predecesores. Según Fernando de Alva Cortés Ixtlilxóchitl, un historiador que desciende en parte de orígenes aztecas, Topiltzin gobernó durante el siglo X, aunque según un manuscrito conocido como el Códice Ramírez lo hizo en el XII.

Los líderes aztecas aprovecharon la religión para hacerse con el poder, empoderando el mito del emperador tolteca cuando les fuera conveniente. Como herederos del linaje de Quetzalcoatl, ya fuera realidad o ficción, se declararon legítimos herederos del trono. Difundir sus sentimientos religiosos les permitió hacerse con la corona y mantenerla. Siempre que necesitaran una excusa, podían aludir a la voluntad de la serpiente emplumada. Su ideología les permitió adentrarse en el subconsciente colectivo de sus vasallos y convencer a la gente de ideas y rituales que contradecían totalmente las enseñanzas de Topiltzin. Por ejemplo, realizaron sacrificios humanos masivos que el rey tolteca ya había abolido en su época. Los aztecas continuaron con ese ciclo de mentiras y engaños hasta la época colonial.

Más allá de algunas pruebas menores, todas estas historias nos han llegado gracias a cinco fuentes principales. La primera, *Historia de los Mexicanos por sus pinturas,* fue escrito por un español anónimo en un intento de narrar la historia de los toltecas. Su versión es bastante breve y posiblemente imprecisa, tal vez debido a una falta de entendimiento entre lenguas indígenas. El autor sostiene que la madre de Topiltzin murió tras el parto; al crecer, Topiltzin pasó siete años en la tranquilidad de las montañas, donde empezó a practicar sus rituales sangrientos y sus fervorosos rezos. Los dioses le concedieron su deseo de convertirse en un gran guerrero: empezó a liderar en guerras y a hacerse popular entre el pueblo, llegando a ser emperador. Durante 42 años mantuvo la paz en su reino, pero al final le pidieron que abandonara la ciudad de Tollan. Viajó por pueblos y ciudades hasta llegar a Tlapallan, solo para morir al día siguiente.

En una traducción de frailes católicos titulada *Libro de oro y tesoro índico*, Topiltzin es recordado por ser el hijo de un líder de Teotihuacán. Erigió un monumento en memoria de su padre asesinado, se vengó de su asesino y partió a Tollan. La traducción del francés André Thevet lo coloca como hijo de Mixcoatl y Chimalman. La madre murió tras el parte y el padre fue asesinado por los hermanos de Topiltzin. Tras vengarse de sus hermanos, emigró a la ciudad de Tollan. En esta versión, sirvió como emperador durante 160 años y, finalmente, volvió a huir a Tlapallan. Hay una cuarta traducción escrita por un nativo, la *Leyenda de los Soles,* que discurre un poco más sobre los padres de Quetzalcoatl. La quinta fuente, el Códice Florentino, es una colección de textos compilados por nativos.

En todas estas versiones, Tezcatlipoca, cuyo nombre se traduce como "espejo humeante", es el dios responsable de expulsar a Topiltzin de Tollan. Quetzalcoatl transformó entonces a Tezcatlipoca en un jaguar, pero este contraatacó y derribó a Quetzalcoatl. Suele ser descrito como el archienemigo de la serpiente emplumada.

Capítulo 9: El Colapso de Tula y la Diáspora Tolteca

Todo lo que sube debe bajar.

Esta afirmación ha sido válida desde antes que una manzara le cayera a Isaac Newton en la cabeza. Sus implicaciones científicas son tal vez modernas, pero la historia está llena de precedentes que podrían servir como guía orientativa. Es una idea que se repite a lo largo de la historia. Mesopotamia fue el hogar de imperios gloriosos e impenetrables que, sin embargo, cayeron tiempo después. Incluso el Imperio romano de Occidente, la gran superpotencia de su época, no fue capaz de esquivar este inevitable destino. Y con la caída de Constantinopla, el Imperio romano de Oriente cayó también. Entre las caídas de uno y otro imperio transcurrieron diez siglos. En ocasiones, un imperio tarda cientos de años en caer, mientras que para otros el declive llega rápida y cruelmente, como un relámpago que arrasa todo a su paso. Incluso en personajes históricos o en el arte y la literatura, esta regla tiene un valor inconmensurable. El aspecto más fascinante del mito de Adán es la caída. En la música, un crescendo no es nada sin los retumbos que lo preceden.

En el caso de los toltecas, la caída fue veloz e inmisericorde. Todo empezó con la muerte de Cē Ācatl Topiltzin o Quetzalcoatl. Entender el declive de los toltecas requiere una pequeña digresión, pues, para apreciar los eventos en detalle, debemos entender cómo llegaron los toltecas a la cumbre.

El Códice Chimalpopoca, un manuscrito azteca, revela las historias de Quetzalcoatl en tres fases. Según la primera parte del códice, llamada *Anales de Cuauhtitlán*, los toltecas llegaron a Manenhi y renombraron el lugar como Tollan. Allí establecieron un sistema teocrático que rápidamente abandonaron para pasar a la monarquía. Algunos inmigrantes se establecieron en la ciudad, mientras que otros siguieron rumbo oeste en busca de nuevos territorios y aldeas. Hay quien interpreta los datos de este documento de otra forma: algunos historiadores creen que la llegada de los toltecas a Tollan sucedió en el siglo VII d. C., mientras que otros opinan que fue en el VIII. La segunda parte del códice habla de religiones y deidades, y la tercera contiene la leyenda de los soles. Según algunas fuentes, cuando llegaron a Tollan, el líder de los toltecas era un hombre llamado Huemac. Varios intelectuales creen que los toltecas emigraron desde desiertos en el noroeste, llegaron a Culhuacán primero y continuaron hasta Tollan después. Otros dicen que el líder era Chalchiutlanetzin, y algunos sostienen que era Cē Ācatl Topiltzin Quetzalcoatl. También hay investigadores que opinan que "Quetzalcoatl" era tan solo un rango que los toltecas asociaban a todos sus líderes, no solo a Topiltzin.

La población tolteca pertenecía a varias tribus entre las que se incluían los nonoalcas y los chichimecas. Según el Códice Florentino, los nonoalcas fueron un grupo étnico importante en Tollan. Por otra parte, los chichimecas eran los habitantes de Chichimán, palabra que significa "área de leche". Pertenecían a una tribu nómada que siempre estaba en movimiento. Durante el clásico tardío y el posclásico, vistieron ropajes rudimentarios que tan solo tapaban sus genitales, y eran cazadores-recolectores, correspondiéndose con su estilo de vida minimalista. No podían permitirse lujos ni tenían tiempo para innovar, así que en lugar de cubrirse el cuerpo con ropa, preferían pintárselo. Los toltecas, debido a sus raíces pluralistas, pudieron establecer contacto y comerciar con otras tribus.

Hidalgo hace frontera con San Luis Potosí en el norte, con Puebla en el este, Tlaxcala en el sureste, Querétaro en el oeste y Veracruz en el noreste. A medida que la influencia tolteca crecía en la región, llegó por el norte a La Huasteca, que comprende partes de Veracruz, Hidalgo, Querétaro, Puebla, San Luis Potosí y otras ciudades modernas. Aquí encontró dos tribus importantes: los otomíes y los huastecos. En esta región ya habitaban seres humanos en el siglo X a. C., lo que convierte a estas tribus en una de las primeras civilizaciones de Mesoamérica. Los otomíes fueron probablemente los habitantes originales del lugar, precediendo a los hablantes del nahuatl por varios siglos. Toda esta información está conectada con la caída de los toltecas.

Algunas fábulas cuentan que Tezcatlipoca apareció ante el rey Quetzalcoatl en forma de anciano y le ofreció un elixir que lo haría más joven. Se trataba de un engaño, pues el brebaje no era más que una bebida alcohólica. Topiltzin llamó a su hermana, la princesa, y ambos se entregaron al borroso gozo del alcohol. Ebrios y confundidos, empezaron a comportarse de forma escandalosa, lo que humilló y avergonzó sobremanera a Topiltzin. Puede que el lector recuerde que ya había otra fábula en la que los sacerdotes traicionaban a Topiltzin, pero en este caso es Tezcatlipoca en forma de anciano. Hay similitudes entre ambas narraciones, ya que los sacerdotes de la ciudad pudieron ser en su mayoría varones.

Desdichado y humillado, Quetzalcoatl se fue de Tollan y se dirigió hacia Tlillan-Tlapallan. La muerte o el exilio de Quetzalcoatl dejó un hueco en una región antaño próspera. El suceso plantó la semilla del descontento y el conflicto interno en la comunidad, lo que derivó en una gran inestabilidad política. Estalló en Tollan una guerra civil entre los fieles a Tezcatlipoca y los defensores de Quetzalcoatl. La mayoría de los nonoalcas se adscribían a Quetzalcoatl y sus ideales humanistas, como el desprecio por los sacrificios humanos. Por otro lado, los seguidores de Tezcatlipoca, descendientes de los chichimecas en su mayoría, creían en el poder supremo de las procesiones en masa y los sacrificios públicos. Esto también puede apreciarse en el diseño y la arquitectura de Tula, donde las estructuras ceremoniales ganan en tamaño a medida que se alejan de Tula Chico y se acercan al nuevo distrito.

Alrededor del año 1.000, Tula empezó a sufrir problemas en su agricultura. El clima empezó a secarse y llegó un largo período de sequía. El sector agrícola no producía suficiente maíz, la base de su dieta, para alimentar a toda la ciudad. La hambruna intensificó la discordia entre las etnias de los nonalcas y los chichimecas. Con el tiempo, los adoradores de Tezcatlipoca demostraron ser superiores al culto de Quetzalcoatl. Los devotos de la serpiente emplumada fueron derrotados por sus adversarios.

Algunos autores mencionan que, tras la muerte de Topiltzin, los toltecas comenzaron a emigrar de Tollan a otras ciudades a un ritmo sin precedentes. La guerra civil en Tollan y la posterior derrota pudo haber impulsado esta migración. Muchos se fueron a la peninsula de Yucatán, donde finalmente llegaron a Uxmal, el enclave más poderoso del oeste de la región, que había sido conquistada por los toltecas en torno al año 1.000 d. C. Un siglo después, la construcción en la ciudad se ralentizó dramáticamente; hacia el año 1.200 parece que se detuvo por completo. Es posible que Quetzalcoatl fuera introducido en la region de Itzá a finales del siglo X. Los Itzá descendían de los mayas putún, famosos por su arquitectura de estilo Puuc, y los mayas toltecas. Es posible que los habitantes de Itzá, de ascendencia en parte tolteca, acogieran de buen grado a los inmigrantes toltecas en Yucatán. Se incrementó la presencia de rasgos mexicanos en la región durante este período. Es importante observar que las pirámides de Chichén Itzá son más antiguas que otras construcciones parecidas en Tula, así que las migraciones pudieron producirse durante mucho tiempo.

La situación empeoró e incluso los chichimecas locales empezaron a abandonar la ciudad, lo que produjo aún más desorden civil. Los desastres naturales como el cambio climático y la pérdida de nutrientes del suelo añadieron más gasolina al fuego. Cerca del año 1.150, muchos de los residents de Tula abandonaron sus hogares y, al igual que en Teotihuacán, la mayoría de los edificios fueron quemados y destruidos. El centro ceremonial en el corazón de la ciudad ardió durante el siglo XII.

Muchos grupos exiliados acabaron yendo al territorio moderno de Puebla, concretamente a la ciudad de Cholula, que se fundó en el s. II a. C. y fue un importante puesto de comercio en la zona durante la era posclásica. En las proximidades de Tula no había cuerpos de agua natural para irrigar la ciudad o dar de beber a la población. No era ese el caso de Cholula, donde llovía con abundancia en verano y la ciudad estaba rodeada de montañas nevadas, cuya nieve se derretía y fluía con la llegada del calor. Estas condiciones favorables pudieron seducir a los exiliados. Además, la ciudad estaba acostumbrada a recibir extranjeros. Durante los períodos clásico y posclásico, los olmecas xicallanca, un grupo del golfo de México, se apoderaron de la ciudad y la hicieron su capital. En el año 1.200 d. C. aproximadamente, los toltecas, en su mayoría de origen chichimeca, conquistaron Tula.

Brevemente, tras la Conquista española de los aztecas, un fraile dominicano llamado Diego Durán escribió varios textos sobre la cultura azteca. En su obra *Historia de las Indias de Nueva España,* también llamada "Código Durán", construye la historia de la creación azteca y también la de la región hasta la llegada de los españoles. Según Durán, en torno al año 1.115, varias tribus del norte como los chichimecas, los otomíes y los huastecos atacaron repetidamente a varias regiones de Tollan. Tras muchas cruentas batallas, los toltecas estaban contra las cuerdas, aunque ambos bandos sufrieron grandes pérdidas. La guerra hace que la gente pida ayuda a sus dioses, y así pues, el sacrificio humano siguió siendo el método habitual de oración. Durán afirma que Huemac, a quien algunos textos describen como el primer gobernador de Tollan, emigró a la ciudad otomí de Xaltocán. Huemac había perdido la confianza de sus seguidores, quienes se habían dividido en varios grupos y lo habían dejado de lado. En 1.122, Huemac, degradado y humillado, se ahorcó en la ciudad de Chapultepec, que estuvo en manos de Teotihuacán durante el período clásico. Los toltecas se referían a Chapultepec como "la colina del saltamontes". Los arqueólogos han encontrado restos de un altar tolteca en la cima de la colina.

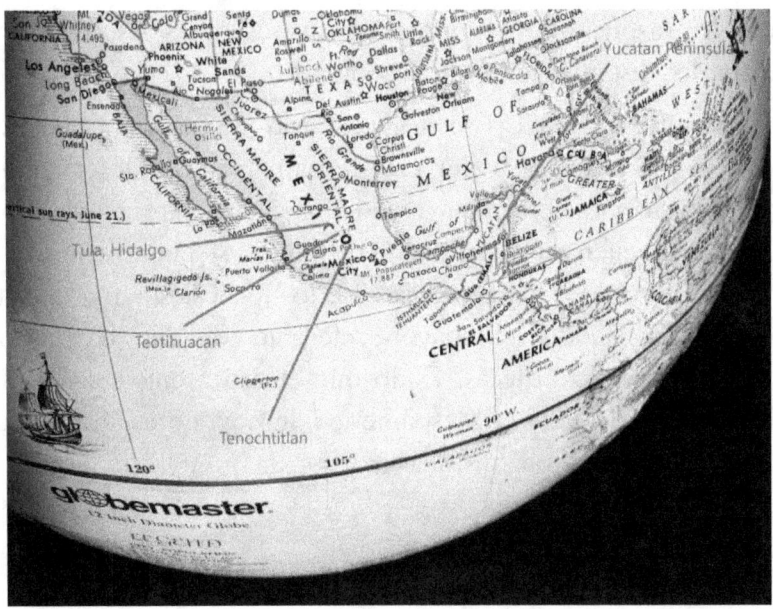

Imagen 4: Geografía de Mesoamérica

Tras el abandono de Tollan, los toltecas se extendieron no solo por el valle de México, sino por toda Mesoamérica. Una pequeña cantidad de habitantes permanecieron en las ruinas de Tollan. Tula cayó bajo el reinado de Culhuacán, una ciudad-estado cercana que acogía a numerosos aristócratas de la capital tolteca. Culhuacán estuvo bajo control de Teotihuacán durante la mayor parte del clásico medio. Las historias tradicionales dictan que fue la primera ciudad tolteca y que la fundó Mixcoatl, el padre de Quetzalcoatl, en algún momento del s. VIII d. C. Culhuacán, que sobrevivió hasta el siglo XIV, era principalmente una ciudad tolteca con influencias chichimecas.

Las ciudades-estado como Culhuacán se conocían como "altépetl", que traducido significa "el agua, la montaña" en nahuatl. Los toltecas se dispersaron de la región, y varias ciudades-estado o altépetl se apoderaron de sus dominios. Los toltecas empezaron a emplear el término *Quetzalcoatl* para alinearse más o menos con el linaje real, lo que les permitió hacerse con importantes designaciones en varias ciudades de la región. Este uso del término *Quetzalcoatl* es una de las principales razones por las que a los investigadores les cuesta tanto distinguir los distintos líderes de los toltecas.

Finalmente, los toltecas se desintegraron en varias fracciones. Su caída dejó un vacío de poder en Mesoamérica, donde el conflicto entre civilizaciones era una realidad permanente. Varias tribus empezaron a guerrear incesantemente entre sí en un intento por dominar el territorio. De las cenizas de los toltecas surgiría la cultura que acabaría siendo el mayor referente de las civilizaciones mesoamericanas: los aztecas. Dado que el patrimonio tolteca es un estándar de nobleza en la Mesoamérica de hoy, no es sorprendente que los aztecas se subieran al carro con la posibilidad de ser sus descendientes.

Capítulo 10: El Auge de los Aztecas

El azteca fue el mayor imperio de toda Mesoamérica. En su apogeo, controlaban la mayor parte del norte de Mesoamérica e imponían a voluntad sus ideas en tribus vecinas. Cuando empleamos la palabra "azteca" en terminología moderna, solemos referirnos a la alianza de tres ciudades-estado del centro de México en las que se hablaba nahuatl. En términos generales, eran nahuas que habían prosperado en el México central tras llegar desde el norte. Ciertamente, su desarrollo no fue un fenómeno aislado, y se produjo como resultado de la dispersión tolteca. Tal como los toltecas se beneficiaron del colapso maya en los siglos VIII y IX, los aztecas se aprovecharon de la caída del dominio tolteca.

Sabemos que los aztecas ganaron importancia en el período posclásico de la cronología de Mesoamérica, pero, ¿de dónde venían?

Como ocurre también con los mayas y los toltecas, los registros de los aztecas son en buena proporción mitológicos. Describen a seres e individuos sobernaturales, lugares místicos y fenómenos extraños que se manifiestan en la Tierra. Los etnohistoriadores han extraído mucha información de esas narraciones, junto con otros hallazgos arqueológicos. El linaje de los pueblos nahuatl o nahuas se remontan a los chichimecas, quienes eran, como hemos mencionado antes, nómadas procedentes del norte del valle de México. Allí vivían en San Luis Potosí, Zacatecas y Guanajuato. San Luis Potosí acogía a los otomíes y los chichimecas. Zacatecas, que se traduce más o menos como "donde abunda la hierba", era el hogar de varios grupos étnicos que solían estar en mutuamente en guerra. Guanajuato estuvo habitada desde el s. VIII a. C. aproximadamente. Su influencia se esparció por la región hasta llegar a Zacatecas, Hidalgo, Querétaro y otras regiones. Se los suele asociar a los toltecas porque su declive se produjo al mismo tiempo.

Las leyendas de los nahuas hablan de siete tribus que vivieron en siete cuevas. Cada cueva estaba asociada a una de las tribus nahua: Xochimilca, Tlahuica, Acolhua, Tlaxcalteca, Tepaneca, Chalca, o Mexica. La mayoría de estas tribus pasaron por una migración similar. Afirman que su lugar de origen es Aztlán, "lugar de las garzas". La propia palabra "azteca" deriva de "Aztlán" y se traduce como "gente de Aztlán". Sigue debatiéndose si Aztlán es un lugar mítico o uno histórico. Quienes creen lo segundo lo sitúan en el noroeste de México o el suroeste de EE. UU. Diego Durán detalla una serie de eventos en los que el emperador azteca, Moctezuma I, envió una expedición en busca de la verdadera ubicación de Aztlán. El continente no estaba debidamente mapeado por entonces, así que es difícil precisar una localización. En la segunda mitad del siglo XX, los expertos mexicanos empezaron a especular con que una isla llamada Mexcaltitán de Uribe pudo ser el lugar de origen de los aztecas. Nadie sabe si esta propuesta es verídica, pero el lugar ha generado cierta atención reciente entre los turistas.

Según los registros, una grave sequía asoló las tierras del norte de México y el suroeste de Estados Unidos, obligando a los chichimecas a emigrar al centro de México. Una vez las primeras tribus llegaron al valle, empezaron a asentarse y crear pequeñas ciudades-estado o altépetl. El gobernador de cada estado, denominado Tlatoani, recibía tributos de todo el territorio y supervisaba el comercio, la religión, los litigios y el ejército. Al principio, las ciudades-estado se vieron envueltas en constantes disputas, y con ese conflicto rutinario, ninguno de los estados ganó mucho poder.

Después de dos siglos de migraciones, los méxicas se convirtieron la última tribu en llegar al valle de México tras la caída de los toltecas. En los códices aztecas, los méxicas pueden verse portando ídolos de su principal deidad, Huitzilopochtli. La leyenda dice que los méxicas buscan una señal enviada por Huitzilopochtli; concretamente, buscaban "un águila con una serpiente en el pico, sentada sobre una chumbera".

Los méxicas llegaron al valle en torno al año 1.250, pero no encontraron buenas tierras cultivables. Se convirtieron en vasallos de Culhuacán, la ciudad-estado predilecta de los aristócratas de Tollan. La ciudad les entregó Chapultepec, el lugar al que los toltecas llamaban "colina del saltamones". Chapultepec era una tierra relativamente infértil, así que los méxicas no pudieron cultivar allí. Al final, acabaron sirviendo como mercenarios para el estado de Culhuacán. En cierto momento, Culhuacán requirió sus servicios en combate. Como recompensa, el emperador envió a una de sus hijas para que gobernara a los méxicas. Siguiendo las órdenes de uno de sus dioses, la tribu mató a la hija desollándola viva. Furioso, el emperador ordenó una ofensiva contra los méxicas, quienes fueron expulsados de la región.

Los nómagas vagaron sin rumbo hasta llegar al lago Texcoco, donde encontraron indicios de Huitzilopochtli. El terreno estaba justo en medio de un pantano, sin suelo sólido en el que asentarse. Aun así, establecieron Tenochtitlán en 1.325, y la ubicación inhóspita terminó siendo una ventaja inesperada. Al no haber acceso a la ciudad más que con botes, la ciudad era fácilmente defendible y el inusual terreno ayudaba a repeler a los atacantes. Gracias a esta impenetrable defensa, el comercio prosperó y la ciudad creció significativamente. Los méxicas empezaron a construir complejos residenciales y se establecieron aqueductos para proveer a la ciudad de agua fresca. En el centro de la ciudad se design un distrito sagrado donde se construyeron pistas deportivas, escuelas y residencias para los sacerdotes. Los méxicas estaban asombrados con la magnificencia y la grandeza de Teotihuacán y Tula, y aspiraban a alcanzar el prestigio y nivel de sofisticación de las metropolis toltecas. Creían que Teotihuacán era un lugar sagrado y trajeron ornamentos de esa ciudad para decorar Tenochtitlán. Empezaron a erigir palacios y construyeron el asombroso Templo Mayor, también conocido como Huey Teocalli. Estaba dedicado a Huitzilopochtli y Ehecatl.

Huitzilopochtli era el dios definitive de la guerra, y los aztecas lo ofrecieron sacrificios para lograr su bendición. La mitología de la creación azteca dice que Huitzilopochtli era el más joven de cuatro hijos, y que uno de sus hermanos era Quetzalcoatl. Sus padres, ambos dioses y creadores del universo, les ordenaron que trajeran paz, armonía y orden al mundo. Así pues, crearon las formas masculina y femenina, además del Sol y la Tierra. Puede que Huitzilopochtli no fuera inicialmente la deidad principal de los méxicas, sino que con el tiempo fuera elevado a la altura de Quetzalcoatl, Tezcatlipoca y otros dioses.

Los méxicas habían demostrado repetidamente su valor y fortaleza. Rápidamente, desarrollaron su reputación como guerreros. Esto era especialmente importante en el período posclásico, porque la guerra era habitual entre tribus. Cuando los méxicas se convirtieron en una fuerza a tener en cuenta, se ganaron el respeto de las tribus vecinas. Los méxicas se aliaron con el estado de Azcopotzalco, la capital de los tepanecas gobernada por Tezozomoc, y les pagaron tributo. Los tepanecas hablaban nahuatl y compartían panteón religioso con los aztecas. Los méxicas contribuyeron al crecimiento de Azcopotzalco y empezaron a expandirse como imperio tributario. El único problema al que se enfrentaban los méxicas era la falta de legitimidad, pues su emperador no estaba considerado un verdadero rey. Para paliar esto, enviaron una propuesta al dirigente de Culhuacán solicitando la mano de su hija. La petición fue concedida y, en 1.372, Acamapichtli se convirtió en el primer emperador o *tlatoani* de Tenochtitlán.

Texcoco, la ciudad de los acolhuas, crecía en el este de la cuenca. Había sido fundada originalmente por los chichimecas, pero los alcohuas los expulsaron de la ciudad. Entre acolhuas y tepanecas había muchas tensiones; la situación empeoró hasta que ambas tribus se declararon la guerra. Los méxicas ayudaron a sus aliados, los tepanecas, y derrotaron a los acolhuas. Como resultado, Azcapotzalco se quedó con Texcoco como ciudad tributaria. A principios del siglo XV, el rey tepaneca murió y la ciudad entró en guerra civil. Los méxicas apoyaron a Tayahauh, quien había recibido el trono de forma legítima, pero su hijo, Maxtla, trató de usurparle el poder. Maxtla estaba furioso con los méxicas por no haberlo apoyado, así que les declaró la guerra además de a los acolhuas. El rey de Texcoco huyó y la ciudad buscó refuerzos. Los encontró en las ciudades de Huexotzinco en Puebla y Tlacopán en la orilla oeste del lago Texcoco. Tenochtitlán unió sus fuerzas a las de Texcoco, Tlacopán y Huexotzinco en un esfuerzo por derrotar a Azcapotzalco. La guerra en México adoptó un enfoque algo excéntrico, pues hubo mucha insistencia en capturar vivos a los enemigos para su posterior sacrificio ritual. En 1.428, la unión entre las cuatro ciudades se alzó victoriosa.

Tras la guerra, Tenochtitlán, Texcoco y Tlacopán establecieron una alianza que conmemoraría el principio del imperio azteca. Hoy la conocemos como la Triple Alianza. El botín de guerra se distribuyó entre las tres ciudades, con dos quintas partes del territorio pasando a manos de Tenochtilán, otras dos quintas partes a Texcoco, y una quinta parte para Tlacopán. El hijo de Tezozomoc asumió el cargo de gobernador de Tlacopán, que fue siempre un representante menor en la alianza. Por otra parte, Texcoco era una ciudad deslumbrante que se aprovechó enormemente de los tributos recolectados. En su época, era famosa por sus enormes bibliotecas rebosantes de textos de culturas antiguas. Pudo haber alcanzado una población superior a los 24.000 habitantes. Hoy se encuentra dentro del gran área metropolitana de Ciudad de México, donde por un breve espacio de tiempo, en la década de 1.820, fue la capital de México.

Tenochtitlán se convirtió en la capital del imperio azteca. Tras aliarse, las tres ciudades que constituían el imperio azteca se convirtieron en la superpotencia colectiva del México central. Mantuvieron su poder e influencia en Mesoamérica hasta la llegada de los españoles, siendo las enfermedades la razón más importante de su derrota frente a los europeos. Los mesoamericanos sucumbieron a las nuevas plagas debido a que sus sistemas inmunes habían evolucionado de forma diferente a la de los invasores.

Y así, sin más, el imperio azteca dejó de existir.

Mucha gente suele confundir unas civilizaciones mesoamericanas con otras. Al fin y al cabo, comparten muchas características, así que es fácil mezclarlas. En su mayoría fueron culturas tribales con creencias politeístas. Solían ser nómadas y no les importaba recoger sus bártulos y marchar a otro sitio cuando fuera necesario. A menudo estaban en guerra, practicaban rituales sangrientos con sacrificios humanos y con frecuencia celebraban procesiones y ceremonias en público. Casi todas las civilizaciones de Mesoamérica se interesaron por la cosmología y el movimiento de los cuerpos celestes, usando un calendario para seguir sus movimientos. Casi todas tenían un sistema de escritura, fuera avanzado o rudimentario. Para no confundir estas culturas, debemos preguntarnos: aparte de sus cronologías, ¿cuál es la diferencia entre mayas, aztecas y otras culturas mesoamericanas?

Los mayas fueron una agrupación de tribus establecidas en el sur de México y el norte de Centroamérica. Hablaban varios idiomas que, colectivamente, se conocen como lenguas mayas. Por su parte, los aztecas vivían en el centro de México y hablaban principalmente nahuatl. Entre ambas civilizaciones se encuentran los misteriosos toltecas; un párrafo conector en los anales de la historia.

PARTE 3: EL LEGADO TOLTECA: ARTE, SOCIEDAD Y CULTURA

Capítulo 11: Estructura Social

Cuando se produjo la conquista española, los grupos hablantes de nahuatl estaban dispersados por toda Mesoamérica. Habían llegado desde el norte para establecerse en el valle de México, y eran en su mayoría únicos y diversos, con variantes idiomáticas entre sí. Pese a estas pequeñas diferencias lingüísticas, las tribus compartían una base cultural. Es fácil ver las similitudes a lo largo de la historia entre muchas civilizaciones mesoamericanas, sobre todo durante los períodos clásico tardío y posclásico, cuando los nahuas empezaron a llegar al centro de México. A medida que se empezaba a colaborar y formar comunidades urbanas, empezó a aparecer un estilo de vida que perduraría hasta el período colonial y, hasta cierto punto, la actualidad.

Algunos historiadores creen que los toltecas llegaron al centro de México como un grupo étnico distinto de los desiertos del noroeste, se detuvieron en Culhuacán (su primera gran ciudad) y después se establecieron en Tollan. Otros creen que eran simplemente un pueblo urbanizado, en contraste con los bárbaros, es decir, los chichimecas. El desarrollo de la vida urbana, primero en Teotihuacán y luego en Tula, transformó el paisaje en toda la región. Empezaron a levantarse grandes comunidades que se ayudaron mutuamente a crecer, aunque esta tendencia también planteó nuevos problemas. Al tener experiencia previa, muchas otras civilizaciones sufrieron también estos contratiempos, incluyendo a los toltecas.

El principal problema fue que se estableció una estructura de clases en la que solo unos pocos gozaban de los lujos y las comodidades negadas a todos los demás. Esa discrepancia en la disponibilidad de recursos es evidente en el imperio tolteca, que se basaba ampliamente en una aristocracia militar. El ejército tolteca era una fuerza respetada y contaba con guerreros de fortaleza sin igual. Sus soldados eran responsables de mantener la paz y defender la ley y el orden. Los escalafones más altos de la sociedad los ocupaban líderes militares, sacerdotes y en ocasiones mercaderes y artesanos.

En sus primeros días como nómadas, los toltecas continuaron vagando por toda la región y encontrando asentamientos a los que pedirían tributos tras conquistarlos. Convertían a la población de la aldea o la ciudad en sus leales tributarios y partían en busca del próximo asentamiento. Pese a las constantes disputas entre distintos grupos, este enfoque agresivo de expansión fue una novedad en su tiempo. Sus refriegas habían forjado su imagen como guerreros, pero había un problema considerable: Teotihuacán. El poder y la influencia de esa ciudad en Mesoamérica no tenía parangón por entonces, y a menudo esto desbarataba los planes de los toltecas. Mientras la ciudad capital estuviera ahí, sería difícil dominar a sus aliados. En cuanto Teotihuacán cayó, los toltecas tomaron las aldeas cercanas una a una. Algunos incluso creen que fueron los toltecas quienes quemaron la ciudad. Algunas fuentes citan que Mixcoatl lideró buena parte de las campañas militares que se produjeron en el valle de México.

Cuando descubrieron Tula, la población ya estaba atestada de guerreros, y buena parte de su ejército se empleaba para dominar pequeñas pueblos, estados y dominios en el México central. Era necesario para continuar con su hábito de obtener tributos de otros estados. Los tributos que llegaban de otros grupos acababan a menudo en la tesorería o los bolsillos de la aristocracia, pero, a veces, los aristócratas distribuían su riqueza entre las clases bajas de su grupo. La Triple Alianza azteca adoptó el mismo modelo.

Las tribus mesoamericanas eran exclusivamente devotas en sus creencias religiosas, y los toltecas no eran ninguna excepción: la religión jugaba un papel clave en el funcionamiento de su sociedad. Se había convertido en algo más que una fe, mezclándose con el tejido social y extendiéndose tanto entre las tribus de México que casi se convirtió en una ley universal. Las decisiones políticas y militares se tomaban en base a ideologías religiosas, y los sacrificios rituales servían como método de contentar a los dioses y recibir sus bendiciones. Esta firme creencia en sus dioses permitió a los toltecas perseverar a lo largo de los siglos. Incluso en sus primeros días, fueron extremadamente cautos con la supuesta voluntad de sus dioses y procuraban no enfurecerlos. La religión tolteca era chamánica y con frecuencia se llevaban a cabo rituales sagrados ya fuera de templos y santuarios. Era una ideología politeísta y creían que las fuerzas naturales del mundo eran manifestaciones de una fuerza superior. Adoraban al agua, la tierra y el sol, con lo que el lugar de culto no era lo más importante. Con la llegada de la urbanización, las procesiones y sociales rituales se volvieron aún más habituales. El juego de la pelota mesoamericano es el mayor ejemplo de sus creencias religiosas. Algunos historiadores creen que los ganadores eran sacrificados como forma de reivindicación y exaltación espiritual. Otros opinan que los sacrificados eran los perdedores, y que ofreciéndolos a los dioses se mataban dos pájaros de un tiro.

Con el tiempo se coronó el primer rey, quien pudo ser, como se ha explicado antes, una entre varias figuras posibles. El rey era el líder del reino físico y también del espiritual. A menudo se mantenía cerca de la clase militar, ya que el comercio del imperio dependía de ello. Los sacerdotes eran importantes para llevar a cabo las ceremonios religiosas y aconsejar al público en materias sociales y espirituales. Los nobles y líderes religiosos vestían ropas ostentosas con abundantes joyas. Algunos creen que la nobleza tolteca pudo tener también esclavos, pero las pruebas de ello son más bien circunstanciales. Los defensores de esta teoría afirman que, en algunas ilustraciones, pueden verse a figuras huastecas sollozando mientras los toltecas los arrastran. No obstante, esas ilustraciones bien podían mostrar una ceremonia de sacrificios.

Bajo una clase alta compuesta por militares y sacerdotes, hubo tal vez una clase media de artistas, mercaderes, astrónomos, escultores y otros trabajadores expertos. Este grupo demográfico no gozó de las libertades de la élite, pero eran en su mayoría individuos sofisticados que llevaban una vida saludable y obtenían beneficios sociales. La plebe la formaban los constructores y los granjeros, que vivían en las afueras de las ciudades y no poseían el honor ni el estatus de los nobles. En contraste con la vestimenta radiante de los aristócratafas, la clase baja solía vestir con una pieza sencilla de tela y una Tilma, conocida en nahuatl como "tilmàtli". La plebe no pertenecía al linaje tolteca (en muchos casos inventado), y probablemente procedían de otros grupos étnicos o de estados vasallo. Las élites ocupaban casi todos los cargos importantes en el gobierno y apoyaban ciertas restricciones para que la clase baja nunca llegara a altos puestos en el ejército o el clero. Los plebeyos que mostraran dotes excepcionales eran bienvenidos en el gobierno, aunque solo en funciones menores.

La agricultura pudo haber sido el pilar de la economía tolteca, pero surgen grandes problemas a la hora de determinar si su producción agrícola era local o se importaba de otros lugares como tributo. Si lo segundo es cierto, la probabilidad de que hubiera esclavitud en la era posclásica se incrementa. Según varias estimaciones, el maíz, las habas y el chile se cultivaba cerca de Tula, mientras que el cacao y las setas se importaban. Muchos campos seguían la técnica de cultivo en terraza. Aunque sus sistemas de irrigación no eran muy avanzados, eran superiores a los de muchas otras civilizaciones de Mesoamérica. Los toltecas extrajeron varias partes del maíz para usarlas con fines medicinales u ornamentales. También usaron algodón para tejer vestidos y la planta maguey para fermentar bebidas alcohólicas. La tierra de Tula pudo ser fértil en el período posclásico; pero en ciertas ocasiones, como al sufrir una sequía, los toltecas debieron empezar a cultivar y consumir amaranto. En lo que al comercio de jade se refiere, sabemos que se exportaban materiales textiles y de cerámica de Tula, y que a la ciudad llegaron el jade, la turquesa, la obsidiana, las aves exóticas y las pieles de animales. Los toltecas eran hábiles a la hora de establecer monopolios y prohibieron el intercambio de materiales infrecuentes a otras culturas. También sabían cuándo subir y bajar los precios según la oferta y la demanda de un artículo.

Los mayas comerciaron frecuentemente en la región y, con la aparición de Teotihuacán, surgieron muchas más rutas. Esta amplia red ayudó a los toltecas a impulsar su propio comercio. Los arqueólogos han encontrado restos de alfarería en Nicaragua, Costa Rica y Guatemala, lo que demuestra que los toltecas comerciaban con lugares lejanos. Algunos materiales de cerámica de Veracruz se han hallado también en Tula, ciudad muy implicada en la producción de alfarería y artículos hechos con obsidiana. No sabemos si Tula estuvo directamente envuelta en dicha producción o si un área cercana la producía bajo las instrucciones de Tula.

La expansión comercial y territorial mediante una ideología religiosa agresiva pudo costarles cara a los toltecas a largo plazo. Algunos expertos atribuyen su preferencia por la guerra y la conquista a su propia decadencia. Los toltecas se expandieron muy rápido con el uso de la violencia, por lo que los historiadores se preguntan si eran lo bastante astutos como para aprovechar al máximo sus circunstancias políticas y económicas. Algunos afirman que el verdadero eje del comercio en Mesoamérica pudo ser la costa del golfo de México y no Tollan.

Esa misma expansión no permitió que las múltiples etnias del imperio se integraran pacíficamente. Cuando un imperio cuenta con muchos vasallos de culturas diferentes, es fácil cometer un error. Esos problemas pudieron ser cruciales en las guerras civiles que estallaron entre los cultos de Quetzalcoatl y Tezcatlipoca. Las batallas entre los otomíes y los hastecas pudieron ser consecuencia de una expansión rápida sin cohesión entre las distintas facciones sociales.

Muchos libros estudian la posibilidad de que los toltecas no fueran un imperio, sino más bien una agrupación de tribus que hablaban nahuatl. Quienes apoyan esta teoría afirman que estos grupos poseen similitudes importantes, y que formaron híbridos culturales con otros grupos. Por lo tanto, los toltecas de Tula son un tanto diferentes a los de Chichén Itzá, quienes a su vez eran muy distintos de los mayas. Observan, además, que los términos "tolteca" y "Tollan" pudieron referirse a más de cuatro grupos y ciudades concretos. Las variantes toltecas incluyen el grupo de Tula de Allende, los mayas-toltecas que moraron en Chichén Itzá, los habitantes de Teotihuacán y sus alrededores y, finalmente, los chichimecas. Estos grupos tenían diferencias en cuanto a su conducta social, pero a grandes rasgos es difícil observar grandes divergencias. Debido a sus similitudes sociales, religiosas y étnicas, la evolución de estos grupos siguió trayectoras muy parecidas cuando dejaron de ser comunidades agrarias para convertirse en estados urbanizados.

Normalmente, asociamos la vida rural con una estilo de vida libre y desinhibido, con poco o ningún contacto social. Esta apreciación depende de nuestra sensibilidad hacia la naturaleza. Sin embargo, en el caso de estas antiguas civilizaciones, este no era el caso a menudo. Los estilos de vida agrícola reforzaban el tribalismo y daban pie a falsas ideas de superioridad tribal y dominación étnica. La lealtad a la tribu derivaba a menudo en egocentrismo, engendrando con el tiempo avaricia y hambre de poder. La mayoría de las tribus mesoamericanas eran nómadas, por lo que tenían que estar en constante movimiento. Apenas tenían tiempo para detenerse y progresar como civilización. Sus actividades estaban destinadas a la supervivencia inmediata. Esta es una actitud muy común en el reino animal, pero por suerte, el ser humano aprende a socializar. Gradualmente, empieza a entender que la comunicación y las relaciones con otros individuos no siempre es un juego de todo o nada. Muchas situaciones dependen de la comunicación, y aprovechar bien esas oportunidades suele resultar en el beneficio de todas las partes implicadas. El tribalismo prevaleció siempre en Mesoamérica, razón por la cual el desarrollo de Teotihuacán y el imperio tolteca cambiaron drásticamente la vida de los locales.

Capítulo 12: Arte, Escultura y Arquitectura

Los toltecas eran maestros artesanos, escultores y arquitectos. Su destreza era admirada en toda la region por su dominio de la alfarería, los productos ornamentales, la construcción en piedra y la arquitectura. No es de extrañar que la palabra tolteca se convirtiera en un sinónimo de "artista" en tierras mesoamericanas. Esa admiración estaba sin duda justificada, como puede apreciarse en las ruinas de Tula. Conviene recorder que Tula fue destruida e incendiada, así que lo que vemos hoy en día pudo ser una pequeñísima parte de lo que la ciudad llegó a ocupar originalmente.

Tula y otros territorios toltecas fueron saqueados y arrasados tras la caída de su imperio. Los aztecas, quienes los admiraban sobremanera, se llevaron muchas reliquias, inscripciones y otros objetos de valor a medida que llegaban a las tierras de sus predecesores. Los hallazgos arqueológicos nos dicen que los aztecas se llevaron también reliquias de Teotihuacán, y que los invasores españoles hicieron el resto. Por lo que sabemos, los españoles quemaron todos los códices toltecas sin excepción, a no ser que alguno esté por descubrir. Lo mismo hicieron con los códices aztecas y mayas, aunque en esos casos han sobrevivido unos pocos documentos. Los códices posteriores a la conquista también se compilaron para transcribir la historia de los aztecas y los mayas. En la colonial, muchas obras de arte valiosas se vendieron en el mercado negro. Por desgracia, una buena parte del arte tolteca se ha perdido en los anales de la historia, mientras que numerosos artefactos mayas y aztecas han llegado hasta nuestros tiempos. Incluso las esculturas de los ancestrales olmecas han sobrevivido al paso de los siglos. En el caso de los toltecas, las obras más importantes de su legado se concentran en los lugares arqueológicos de Tula Chico y Tula Grande, además de algunas estatuas de obsidiana cerca de Tula. Sin embargo, ha sobrevivido lo suficiente como para demostrar su magnífica pericia y sensibilidad para las artes. Su emergencia tuvo tal impacto en las áreas del norte y el centro de México que las civilizaciones de esas zonas experimentaron un rejuvenecimiento espiritual. Los huastecas en el norte y los tarascos en el oeste fueron testigos de este fervor aventurero. De este período en adelante, estas culturas empezaron a dejar muestras arquitectónicas duraderas.

El período clásico en Mesoamérica supuso la cumbre del arte maya. Algunos creen que fue tan relevante en la región como lo fue el Renacimiento en Europa. La mayoría de estas obras mayas muestran rasgos mexicanos, lo que indica una cierta cooperación entre toltecas y mayas. Sabemos que esos rasgos se infiltraron no solo en el centro de México, sino también en el sur del país y en otras regiones de Centroamérica. En Chichén Itzá, observamos características toltecas junto con las de Tula: hay águilas y jaguares que devoran corazones humanos y unas calaveras colocadas en altares llamdos "tzompantli". Los tzompantli estaban construidos sobre un andamiaje con postes y eran comunes en varias civilizaciones mesoamericanas, como los mayas y los aztecas. Las calaveras normalmente procedían de sacrificios y prisioneros de guerra. Los tzompantli de Tula tienen grabados de piedra en ambos lados de una plataforma con la imagen de una víctima sacrificial. En esas plataformas se colocaban las verdaderas calaveras de las víctimas. En Chichén Itzá, el tzompantli aparece en los muros de la pista deportiva. Otras ciudades mayas como Uxmal también muestran ejemplos de esta antigua construcción que probablemente surgiera poco antes de la caída de Tula. Los aztecas continuaron su tradición y aún existe un tzompantli en Tenochtitlán. Cuando los españoles llegaron, había al menos cinco tzompantli más en la capital azteca. En algunos códices podemos verlos en ilustraciones de los juegos aztecas de pelota.

Fijándonos en el arte tolteca, llegamos de inmediato a la misma conclusión que puede extraerse del Renacimiento europeo: fue un fenómeno cultural que llegó a muchas ciudades; un modo de conversación tanto entre mentes diferentes como entre distintos estilos de vida y valores sociales. Lo único que une a casi todo el arte tolteca es el uso consistente de imágenes religiosas, y es que su fe se permeó en todos los aspectos de sus vidas.

Estos pueblos nunca pasaron por la revolución griega de la razón y la lógica, así que se cubrieron de mitos y fábulas que se filtraron en el pensamiento sociológico. Muchas de sus imágenes muestran a sacerdotes ejerciendo sus labores y a dioses haciendo su trabajo divino. Los eventos se exageran, las figuras son elevadas a la categoría de héroes. Estas obras de arte son, ante todo, obras dramáticas. El relieve del edificio 4 de Tula, por ejemplo, muestra una procesión que camina hacia un hombre vestido como una serpiente emplumada. Algunos creen que las estatuas de los atlantes en el centro de la ciudad no muestran a guerreros toltecas, sino que representan a Tlahuizcalpantecuhtli, el dios del lucero del alba que además era una de las muchas formas de Quetzalcoatl, o a sus seguidores.

Las esculturas atlantes son uno de los mejores ejemplos del arte tolteca. Con sus armas curvas, sus dardos y cuchillos, estas estatuas destacan por su devoción solemne y su gran tamaño. Su sentimiento se representa también en piezas de cerámica y otras estatuas más pequeñas, así como en frisos y relieves. Mucho de lo que sabemos del arte tolteca viene de estas estatuas, ya que la piedra de Tula ha resistido el paso del tiempo y la fuerza del clima. Las esculturas por excelencia de la civilización tolteca son las llamadas Chac Mool, en las que se muestra a un Guerrero girando el cuello 90 grados desde el frente, apoyándose sobre sus codos y rodillas y sosteniendo un codo o un disco sobre su regazo. Por lo general, los Chac Mool representaban a soldados fallecidos llevando ofrendas para los dioses. El receptáculo en el centro de la escultura contenía brebajes alcohólicos, tamale, pavo, plumas, tabaco o incieso. Los doce Chac Mool de Tula tienen rasgos similares más allá de pequeños detalles, y es muy posible que representen a prisioneros de guerra. A medida que la influencia de los toltecas crecía, los Chac Mool empezaron a aparecer en toda Mesoamérica, incluyendo Yucatán e incluso en Costa Rica. Los de Chichén Itzá no guardan mucho parecido y son más diversos en sus rasgos. Los Chac Mool aztecas tienen una asociación con el agua y el dios de la Lluvia.

El arte tolteca también se distingue por la aportación del plumbate, un tipo de cerámica en la que se usan metales como cobre, oro y plata. Normalmente asociado al uso de un tipo especial de arcilla, fueron uno de los aspectos más únicos del arte de su época y evolucionaron gracias al ingenio de los toltecas. Los toltecas eran conocidos por sus vasijas de colores anaranjados y oscuros, con un vistoso y decorado exterior en el que se distinguen varios estilos. Los toltecas también perfeccionaron las incrustacions de turquesa y otros materiales. Los arqueólogos han observado que por esta época empezaron a aparecer metales en toda Mesoamérica. Algunos, como el oro y la plata, empezaron a usarse con fines creativos y se popularizaron tal vez mediante su uso en el plumbate.

Las imágenes de las esculturas aparecen también en varias construcciones de la ciudad. La arquitectura de los toltecas es ejemplar para su época: absorbieron muchas influencias de Teotihuacán, pero añadieron matices, frescura y un toque de personalidad. La plaza central de Tula recuerda mucho a la de Teotihuacán en su diseño. La pirámide C de Tula tiene la misma orientación astronómica que la ciudad azteca. Pese a esta influencia, el arte tolteca se apartó mucho de su premisa inicial. Por entonces no había ninguna civilización que diseñara ciudades basadas en la planificación de red (Teotihuacán fue la primera en usar la idea), así que Tula destaca en ese sentido. En su esplendor, contó con una población de unos 85.000 habitantes a lo largo de los distritos centrales y periferiales de la ciudad. Al menos 60.000 personas vivían en la ciudad y unas 25.000 en las inmediaciones. Sin duda, la población máxima de Tula fue menor que la de otras metrópolis mesoamericanas, pero en su época fue la más grande. Sus estructuras se hicieron con piedra, añadiéndose después un retoque de adobe. Los palacios, pirámides y otros edificios reales tenían esculturas en relieve y frisos en los márgenes. En Tula había muchas esculturas y frisos como el Muro de Serpientes, con sus complejos diseños geométricos y su serpiente devorando a seres humanos. El muro separa el distrito sagrado del resto de la ciudad.

En la ciudad se vivía en grandes complejos de residencias. La mayoría de los habitantes eran aristócratas o pertenecían a la clase media. Había también palacios, y la ciudad se dividía en varios distritos, separando asimismo a personas de distinta clase social y trasfondo económico. Las clases más bajas vivían en las afueras, probablemente en casas hechas con materiales más pobres y susceptibles al daño medioambiental. Lo más seguro es que todas estas casas desaparecieran con el paso del tiempo.

Muchas casas han deaparecido y numerosos monumentos han sido reducidos a cenizas, pero, por suerte, los arqueólogos han encontrado miles de objetos de cerámica en Tula. Algunos se produjeron localmente, mientras que otros podrían proceder de tierras muy lejanas. Unos cuantos están en muy buen estado; otros tienen daños parciales. Los expertos creen que el plumbate de Tula era único y original. Los aztecas estaban convencidos de que los toltecas habían perfeccionado el arte de la arcilla. Las excavaciones revelan que los toltecas hicieron objetos de cerámica e incorporaron otros estilos de tierras lejanas, además de llevarse sus tributos. Los alfareros de la región eran expertos a la hora de hacer piezas de cerámica con rostros. Además, los toltecas también elaboraban anillos para la nariz y las orejas, además de otros diseños de joyería con jade, turquesa y oro.

Cerca del final del siglo X d. C., la región occidental de México atravesó un auge de pasión creativa. Hasta entonces solo existían pequeñas influencias de los olmecas y los artesanos de Teotihuacán. Añadiendo la influencia tolteca, empezaron a elaborar objetos exquisitos de oro y plata, además de recipientes policromados. Este renacimiento no afectó solo al arte a pequeña escala, sino que se extendió a la arquitectura también. Durante este período, la región de Tarascan empezó a erigir edificios de piedra. Tzintzuntzan, que significa "lugar de colibríes", es el centro ceremonial de Tarascan y el mejor ejemplo de esto. Aquí encontramos las Yacatas, cinco pirámides circulares que descansan en una gran plataforma y en cuya cima encontramos templos de piedra donde se realizaban ritos sagrados. Al igual que en las zonas occidentales de México, las influencias artísticas del centro de México llegaron también al norte, como se aprecia en el caso de La Quemada. Las tribus que constituían el imperio azteca procedían del norte, y esa región acogía a muchos pueblos nómadas. Esos pueblos empezaron a interesarse cada vez más por el arte a pequeña escala, como la escultura y la alfarería. En Casas Grandes, por ejemplo, se produjeron complejos diseños de cerámica basados en patrones geométricos.

Los toltecas se labraron su reputación gracias a su poderío militar, pero eran igualmente talentosos en el aspecto artístico. Las grandes experiencias producen la necesidad de expresarse, y lo que vemos en la evolución artística de los toltecas no es inusual: es una respuesta perfectamente lógica a las vicisitudes del tiempo. El mundo antiguo no tenía una perspectiva global como ocurre en el moderno. No tenían el lujo de poder viajar largas distancias como turistas e interactuar con otras culturas. Los toltecas eran nómadas, así que a menudo encontraban otros grupos y adoptaban un enfoque militarista a su política, lo que los mantuvo en contacto frecuente. En cuanto al mundo mesoamericano antiguo, esta clase de exposición era de lo más emocionante. Mientras llegaban constantes tributos a Tula y se abrían nuevas rutas comerciales, empezó a llegar gente con nuevas ideas y distintas perspectivas. El mejor ejemplo de esto es la misteriosa conexión entre Tula y Chichén Itzá.

La influencia artística tolteca se apoderó de todo el territorio mesoamericano, y ni siquiera su caída en desgracia pudo frenar el avance de esta expansión. En épocas como estas, el arte se transforma en una especie de conversación entre artistas que viven en la misma tierra y comparten ciertas condiciones. El genio artístico de los toltecas y su impacto en Mesoamérica es innegable. Con su llegada al poder en el clásico tardío y su conquista del subconsciente colectivo en el posclásico, los toltecas han dejado una huella imborrable en la historia precolombina del Nuevo Mundo. Puede que no sepamos demasiado de ellos, pero sabemos cómo se sentían.

Capítulo 13: Guerra y Armamento

Finalmente, llegamos al pilar central de la vida tolteca; el mandamiento que les permitió construir su imperio y prosperar como pueblo: la guerra.

En las culturas mesoamericanas, los sacerdotes poseían la más alta autoridad. Los toltecas fueron la primera sociedad mesoamericana en la que el ejército ostentaba el mismo prestigio que los sacerdotes. Idealizaron la guerra, justificando refriegas y disputas innecesarias con odio y la necesidad de inspirar temor, y la convirtieron en una fuente viable de ingresos. Cuando abandonaron los desiertos del noroeste y llegaron al centro de México, amenazaron y desgastaron a otros grupos hasta someterlos, cimentando rápidamente su reputación en el territorio. Opuestos a los derramamientos de sangre y las muertes innecesarias, solían tomar prisioneros de guerra para servir a sus necesidades, las cuales fluctuaban entre lo económico y lo espiritual. A menudo necesitaban a otros grupos para exigirles tributo y, cuando tomaban prisioneros, los ponían a trabajar en el campo o los ofrecían a sus dioses.

La información histórica respecto a sus estados vasallo es escasa, pero sabemos que los toltecas dominaron algunos estados del centro de México y les exigieron tributo en forma de comida, mercancía, armamento y soldados. Los historiadores se dividen en cuanto hasta qué punto lo hicieron; algunos creen que extendieron su práctica hasta la costa del golfo de México. Desconocemos si se trataba de un tributo o de un intercambio comercial en ocasiones. En lo que se refiere a pruebas sólidas y concluyentes, pocas veces las hallamos cuando hablamos de los toltecas. No hay pruebas definitivas de que los toltecas barrieran todo estado a más de 1.000 kilómetros de Tula. Observamos su influencia sociopolítica en toda la región, pero eso no indica claramente cuál fue la extensión de su imperio. El consenso entre los expertos es que, si bien los toltecas pudieron ejercer una gran influencia militar en las zonas vecinas, su influencia en zonas lejanas se atribuye al comercio o a las migraciones.

Los toltecas desarrollaban una mentalidad militar parecida desde muy jóvenes. Quienes querían dominar el conocimiento tolteca solían estudiar en telphochcalli y después en calmécaca: estos eran centros de educación en los que adquirirían una comprensión básica de la guerra espiritual. Esa intensa perspectiva del mundo les ayudó a entender la naturaleza transitoria y efímera de la vida, un entendimiento crucial para eliminar la cobardía y el miedo de las mentes de los discípulos. Los hombres y mujeres que participaban en las actividades de estas instituciones eran conocidos como guerreros. Aprendían a engañar a su propio ego, controlar sus impulsos y permitir que la paz y la armonía entraran en su santuario interno. En algunos sentidos, el entendimiento tolteca del mundo se parece a las enseñanzas del budismo, aunque dejaremos esa discusión para otro momento.

Los guerreros aprendían a concentrarse en un único y verdadero objetivo: su propósito en la vida. El entrenamiento tenía como meta revelar a los pupilos su propia personalidad. El resto no tenía importancia: su determinación y su voluntad de hierro se encargarían de que la misión se cumpliese. Las posibilidades del espíritu eran infinitas y, así, ningún logro mundano quedaba lejos del reino de la posibilidad. La idea era que las fuerzas básicas que controlan el mundo se manifiestan en diferentes formas físicas, de modo que si alguien pudiera utilizar su fuerza espiritual al máximo, cumpliría con su propósito en la vasta cosmología de los eventos.

Para impulsar esta ideología, los toltecas tenían varias órdenes militares entre las que se incluían el águila, el coyote y el jaguar. Algunas personas se refieren a estas órdenes de guerreros religiosos como cultos. En una excavación se encontró la pequeña estatua de un guerrero Tlaloc en una pista deportiva en Tula. Estatuas similares se han hallado en Teotihuacán. Como ya mencionamos en un capítulo anterior, algunos creen que las estatuas atlantes podrían haber sido figuras divinas o semi divinas. Están adornadas con símbolos de Quetzalcoatl, representados como sirvientes de ese dios. Esto podría deberse en parte a que los guerreros toltecas pertenecían a un culto guerrero en particular. Recordemos los cultos de Tezcatlipoca y Quetzalcoatl, quienes lucharon entre sí en una batalla por la supremacía. Cuando Topiltzin se marchó de Tollan, los toltecas eligieron a Huitzilopochtli como su jefe. Huitzilopochtli, recordemos, era el dios nahua de la guerra, adorado por los méxicas y la principal deidad de Tenochtitlán.

El lenguaje de la antigua Mesoamérica era a menudo bastante poético, y las cosas no se describían con descripciones simples. Conceptos como el espíritu se transmitían con el poder de la abstracción y se usan metáforas para conectar con el lector a nivel intuitivo. Los grandes filósofos no eran maestros de la razón, sino del lenguaje. Para explicar el concepto del guerrero, su lenguaje metafórico utiliza las palabras "flor" y "canción". Los toltecas creían que la sabiduría estaba llena de belleza inherente, y que la encarnación de esta belleza solo se podía conseguir mediante la expresión del espíritu. Así pues, la belleza era el lugar proverbial en el que las canciones, flores de la sabiduría en sí, crecían. Ya hemos mencionado que los estudiantes de alta educación eran denominados guerreros, y que la mayoría servían en las fuerzas armadas. Con su hermoso uso del lenguaje, los toltecas enfatizaban que un gran guerrero era sensible con el orden de las cosas, responsable con su propósito y disciplinado en su ejecución.

La sensibilidad del guerrero lo disuadía de matar por el mero hecho de hacerlo, y se apartaba del conflicto a no ser que fuera necesario. Adquiriendo conciencia del mundo y sus habitantes, se daría cuenta de que estos son conscientes también de sí mismos. Algunos se adentrarían en las abstracciones mundanas más que otros, pero todos mostraban señales de sensibilidad para con otros seres y el mundo que los rodea. Aprovecharse de ellos solo para satisfacer el ego sería un pecado horrible que conlleva perder el alma. La responsabilidad, de nuevo, apela a respetar el orden de las cosas. El mundo no está habitado por un solo ser humano. La gente vive, muere, otros ocupan su lugar; todos estamos indefensos ante la naturaleza. Por tanto, el guerrero debe tomar constancia de su propia responsabilidad, no solo consigo mismo, sino también la que tiene con el mundo natural. No puede ceder ante el orgullo, la avaricia o las trampas del mundo, y solo debería ser leal a su meta final en el mundo: la ambición de su espíritu. Este sentido de la responsabilidad distinguía al guerrero de un viandante normal. El guerrero tenía el deber de manifestar su sabiduría y conocimiento mediante el poder de la acción. La disciplina, el tercer mandamiento, era el poder que permitía ejecutar dicha acción. Los toltecas entendían el concepto de disciplina de una forma totalmente distinta a la nuestra. Para ellos, la disciplina era un régimen personal, no algo que pertenecía a un grupo o una causa política. Aunque solo podía pertenecer al guerrero, debía ser cultivada. Su fuerza de voluntad se veía puesta a prueba entonces. Si su espíritu era puro, conseguiría que su cuerpo cumpliese su responsabilidad espiritual. Para alcanzar la disciplina máxima, debía ser sensible con el interior y el exterior del mundo, y ser responsable con ambos aspectos. Solo entonces, se creía, conseguiría perfeccionar el arte de la disciplina. Esta era una lección de humildad para el guerrero. El objetivo era convertir a los guerreros en seres solemnes, igual que los sacerdotes que gobernaban en la alta sociedad.

Quetzalcoatl era la expresión definitiva de este ideal. La serpiente emplumada se deslizaba por la tierra, palpándola y aprendiendo sus secretos. Cuando fuera el momento, el quetzal (el ave sagrada) batiría sus alas y abandonaría la tierra en busca de una nueva senda entre las nubes. Quetzalcoatl simbolizaba la importancia de otros planos de existencia, restándola al mundo físico que los guerreros veían, oían y sentían. Todas estas ideas pueden encontrarse en los Cantares Mexicanos, un manuscrito nahuatl del siglo XVI que contiene poemas y canciones. Los datos históricos indican que estos ideales no siempre se realizaban. A veces las cosas se salían fuera de control y un culto guerrero se enfrentaba a otro, abocando a la ciudad de Tula al caos y el desorden. Esto quedó patente con la historia de los cultos de Quetzalcoatl y Tezcatlipoca.

Diestros, aterradores y muy bien entrenados, los toltecas contaban con ejércitos en sus ciudades y fortalezas. El ejército los defendería de sus enemigos, mientras que las legiones extranjeras mantenían a los vasallos a raya y los protegían de interferencias exteriores. También tenían unidades de reserva en las ciudades y las llamaban en tiempo de necesidad. Los estados colindantes no respetaban a los toltecas por su habilidad en el campo de betalla, sino por haber construido un sistema que incorporaba los valores militares en la vida diaria de un entorno urbano. Por ejemplo, Tula no contaba con defensas de ningún tipo en su diseño urbano. Hay que tener en cuenta que Tula se construyó con planificación anticipada, así que tuvieron tiempo para estimar las necesidades de la ciudad. Los toltecas confiaban en su habilidad para proteger la ciudad de cualquier tipo de amenaza externa.

Los guerreros toltecas pueden verse en diversas estatuas, frisos y otras obras artísticas halladas en Tula y más lugares. Se protegían con corazas y armaduras de algodón diseñadas para repeler flechas y lanzas. La coraza del pecho solía mostrar la imagen de un jaguar, un coyote o un águila según el culto al que perteneciera el guerrero. Llevaban también una falta corta para proteger la mitad inferor del cuerpo. Sus cascos estaban adornados con plumas, y usaban sandalias y cinturones para cubrirse piernas y rodillas, aunque no deberían ofrecer una gran protección. Preferían los escudos pequeños y redondos, pues así cubrían un brazo desde el hombro hasta abajo. Un túnica acorazada fue descubierta en el Palacio Quemado de Tula: se trata de una armadura hecha con conchas de mar, y probablemente perteneció a un oficial de alto rango o un miembro de la nobleza. Su elección de armamento era también interesante. Les gustaba usar espadas, mazas, cuchillos y bastones curvados con cuchillas para el combate a corta distancia. Por otra parte, empleaban alalats para el combate a larga distancia, con el que lanzaban lanzas o jabalinas. También disparaban dardos con formidable precisión.

El verdadero genio de los toltecas no yace en adiestrar a sus guerreros en el manejo de la espada, sino en la forma en que integraron aspectos psicológicos y sociológicos en el servicio militar. Su inquebrantable confianza en sus habilidades y en su conocimiento estratégico bastaban para despertar terror en los corazones de los enemigos. Formando a estudiantes de alto nivel, pudieron sacarle el máximo partido a su ejército, aunque esta práctica acabó supusiendo su desgracia. Por educadas y disciplinadas que fueran sus tropas, siempre se acaba sucumbiendo a la avaricia, la lujuria y los intereses de poder. Es parte de nuestra naturaleza: enzarzarse en batallas, salir adelante en situaciones difíciles y salir victorioso en competiciones son gestos que disparan nuestra adrenalina. Es fácil sucumbir a esos sentimientos, razón por la cual los regímenes militares a lo largo de la historia han tenido problemas para mantener las necesidades del estado.

Es posible que los desastres naturales, y no su estructura social atípica, borraran al imperio tolteca de la faz de la tierra. Tal y como ellos creían, todo es efímero y el cambio es constante. Las civilizaciones prosperan y desaparecen. A veces lleva años; otras veces, siglos. Pero la caída es inevitable. Después de todo, lo que sube debe bajar. Y por desgracia, el declive llegó como un relámpago para los toltecas.

Conclusión

En el período clásico de la civilización mesoamericana, los mayas entraron en su edad de oro. Durante esta época, erigieron monumentos basándose en los cálculos del calendario de la cuenta larga. Al decantarse por la construcción a gran escala, introdujeron una nueva era en la historia de la región. La ambición y capacidad innovadora de los mayas inspiró a sus vecinos. Los mayas escribieron inscripciones, integraron calendarios en sus vidas diarias y enfatizaron el arte y el desarrollo intelectual, a lo que siguió una ola de urbanismo. Los historiadores del arte han comparado la influencia maya en el período clásico con el Renacimiento en Europa. A medida que los mayas pasaban de ser una cultura agraria a ser una urbana, empezaron a formar pequeñas ciudades-estado que rápidamente interactuaron entre sí, formando alianzas y rutas comerciales en un entorno competitivo.

Al mismo tiempo, apareció un centro religioso en el altiplano de México: Teotihuacán. Lo que empezó como lugar ceremonial pronto atrajo a inmigrantes de toda la región. La ciudad recibió un gran número de zapotecas, mixtecas y mayas, convirtiéndose en una ciudad multiétnica. En poco tiempo, Teotihuacán forjó su reputación como la ciudad más extravagante de Mesoamérica y empezó a ejercer su influencia en tribus vecinas, incluyendo a los mayas. En el período clásico tardío, la hambruna y las sequías asolaron el territorio, y el intempestivo clima hizo que fuera difícil sobrevivir en la ciudad. Teotihuacán fue eventualmente quemada y saqueada, probablemente debido a conflictos internos, y la mayoría de la población se marchó para vivir en zonas cercanas. Tras la caída de Teotihuacán, los mayas empezaron a sufrir ciertas disputas internas también. Los estados de Tikal y Calakmul fueron a la guerra y, tras una larga contienda, los mayas quedaron debilitados. Teotihuacán, no obstante, demostró que una ciudad de grandes proporciones podía establecerse en la región.

En la segunda mitad del período clásico, algunos grupos nómadas empezaron a llegar al centro de México desde el norte. Algunas de estas tribus se asentaron en Tula, dando a luz al imperio tolteca. Algunas personas creen que los toltecas ya llevaban varios siglos viviendo allí y que incluso tuvieron algo que ver con la destrucción de Teotihuacán. Otros creen que llegaron poco después de ese acontecimiento y que se protegieron con un aura de sabiduría y miedo.

Entonces, ¿quiénes fueron los toltecas? ¿De dónde venían? ¿Adónde se fueron?

Nadie lo sabe. El arte la especulación es lo único que tenemos. Presumiblemente, emigraron desde el norte, se establecieron en Culhuacán y finalmente llegaron a Tula, donde fueron gobernados por el fabuloso Cē Ācatl Topiltzin, también conocido como Quetzalcoatl. La serpiente emplumada los instruyó, enseñándoles a cultivar alimentos, leer calendarios y entrar en contacto con su esencia espiritual. Al igual que muchas culturas mesoamericanas, los toltecas fueron un pueblo religioso en el que se practicaban rituales sangrientos y sacrificios humanos.

Los toltecas eran una sociedad militarizada en la que los guerreros aprendían su oficio desde jóvenes. Fueron la primera civilización mesoamericana en convertir sus habilidades de combate en una fuente viable de ingresos, y sus bases religiosas apoyaban sus conquistas. Se apoderaron de las ciudades-estado de la región y les exigieron tributos. Enviaron unidades a sus estados vasallos para mantener la paz y recaudar impuestos. Los toltecas sentían preferencia por los cultos de guerreros, y las excavaciones revelan que existían órdenes del jaguar, del coyote y del águila. Estos cultos tenían ideas religiosas específicas y fueron los responsables de la mayor división en la sociedad tolteca. Algunos apoyaban al culto de Quetzalcoatl, mientras que otros defendían al de Tezcatlipoca. En algunos sentidos, las ambiciones religiosas de ambos grupos eran opuestas entre sí.

Cē Ācatl Topiltzin Quetzalcoatl era muy respetado por sus ideales humanistas. Abolió la tradición mesoamericana de hacer sacrificios humanos y ofreció tan solo alimentos y animales a los dioses. La inteligencia de Topiltzin ayudó a Tula a crecer y prosperar durante años. Un día, Tezcatlipoca apareció ante él con forma de anciano y le engañó. Sintiéndose humillado, Quetzalcoatl abandonó la ciudad y se dirigió hacia el este. Cuando llegó a la costa, se quemó en una pira y se convirtió en una estrella para regresar en el futuro. Todo esto, por supuesto, es la versión mitológica de la historia según los aztecas. Tras el exilio voluntario de Topiltzin, Tula fue saqueada y ardió hasta los cimientos. Muchos creen que los cultos guerreros se declararon la guerra y que Tezcatlipoca surgió victorioso. Algunos rechazan esa posibilidad y afirman que los desastres naturales condujeron a la hambruna y las enfermedades, lo que obligó a la población a huir. Existen muchas especulaciones, pero lo cierto es que *nadie sabe qué sucedió*.

En cualquier caso, el culto de Quetzalcoatl se propagó realmente por la región. Por ejemplo, sabemos que hubo una conexión misteriosa entre Tula y Chichén Itzá, la ciudad maya. El templo de Quetzalcoatl en Chichén Itzá, conocido como El Castillo, muestra la sombra de una serpiente sobre los equinoccios. En Uxmal también se pueden encontrar muchas inscripciones y representaciones de la serpiente emplumada, cuya imagen existía incluso en la edad preclásica, aunque Quetzalcoatl no apareció hasta el clásico tardío.

El culto de Quetzalcoatl penetró en el territorio central de México. Los aztecas lo incorporaron a su panteón divino y lo reverenciaron con pasión, así como adoraban a los toltecas, de quienes decían descender. Afirmar que se descendía de los toltecas era un método habitual para ser reconocido como noble, lo que hace que los historiadores lo tengan muy difícil para separar a Topiltzin, el personaje histórico, del dios Quetzalcoatl. El culto de Quetzalcoatl se convirtió en una creencia muy extendida entre los aztecas. Se dice que cuando Hernán Cortés invadió el territorio, Moctezuma, el rey azteca, lo confundió con la reencarnación de Quetzalcoatl.

Además de ser grandes guerreros, los toltecas eran también magníficos artistas, y los aztecas sabían de sus logros científicos y artísticos. Los toltecas desarrollaron su estilo de alfarería propio, al que llamaron plumbate. Fueron los responsables de la popularización de la metalistería en Mesoamérica. Usaron jade, plata, obsidiana, oro y cobre para crear joyas, vasijas y otros objetos. También contribuyeron enormemente a los campos de la escultura y la arquitectura. Las estatuas atlantes de Tula son un ejemplo soberbio de su talento y destreza. Además, fueron los toltecas quienes introdujeron el sistema de cultivo en terrazas y la cerámica de alta calidad.

Los toltecas también aportaron un nuevo sistema político en Mesoamérica: el militarismo. Se convirtió en la norma de varios imperios del período posclásico, como los aztecas. El imperio azteca, una alianza de tres estados, se mantenía gracias a los tributos de sus vasallos. Los toltecas son la parte que falta de la historia, el enlace invisible que une a los mayas y a Teotihuacán con el imperio azteca. Puede que no sepamos quiénes eran, de dónde venían o cómo desaparecieron, pero sus contribuciones al patrimonio mundial siguen siendo una prueba de su genio innegable.

Vea más libros escritos por Enthralling History

Bibliografía:

Nigel Davies. The Toltecs, until the fall of Tula. University of Oklahoma Press; January 1, 1977.

Nigel Davies. The Toltec Heritage: From the Fall of Tula to the Rise of Tenochtitlan. University of Oklahoma Press; January 1, 1980.

Richard A. Diehl. Tula: The Toltec Capital of Ancient Mexico. New York: Thames & Hudson; November 1, 1983.

H. B. Nicholson. Topiltzin Quetzalcoatl: The Once and Future Lord of the Toltecs. University Press of Colorado; September 15, 2001.

Frank Díaz. The Gospel of the Toltecs: The Life and Teachings of Quetzalcoatl. Bear & Company; July 30, 2002.

Jeff Karl Kowalski. Cynthia Kristan-Graham. George J. Bey III. Twin Tollans: Chichén Itzá, Tula, and the Epiclassic to Early Postclassic Mesoamerican World, Revised Edition. Dumbarton Oaks Research Library and Collection; November 28, 2011.

Michael D. Coe, Stephen D. Houston. The Maya (Ancient Peoples and Places). Thames & Hudson; June 16, 2015.

Elliot M. Abrams. How the Maya Built Their World: Energetics and Ancient Architecture. University of Texas Press; June 4, 2010.